GREEN
Glam & gourmande
LES 150 RECETTES CULTE DU HEALTH MOVEMENT

Rebecca Leffler
avec la collaboration de Coralie Miller

LES 150 RECETTES CULTE DU HEALTH MOVEMENT

Photographies de Sandra Mahut
Illustrations de Sally Bornot

MARABOUT

© 2015, 2017 Hachette Livre (Marabout) pour la présente édition.
Toute reproduction d'un extrait quelconque de ce livre par quelque procédé que ce soit, et notamment par photocopie ou microfilm, est interdite sans l'autorisation écrite de l'éditeur.
Aucune partie de ce livre ce peut être reproduite sous quelque forme que ce soit ou par quelque moyen électronique ou mécanique que ce soit, y compris des systèmes de stockage d'information ou de recherche documentaire, sans autorisation écrite de l'éditeur.

Sommaire

Avant-propos 8

Le placard 11
- Mes ingrédients indispensables 12
- Beauty tips de Tata, by Tata Harper 16
- 6 règles pour bien manger by Dr. Leo Galland 18
- Les préparations de base 21

Good morning ! 43
- Energy yoga 44
- Apprivoiser le réveil 47
- Les décoctions détox du matin 49
- Le green smoothie et le green juice 51
- Recettes pour le petit déjeuner 54
- Beauty tips du Dr Hauschka by Claudine Reinhard 68

Printemps 71
- Respirer 73
- Détox yoga by Mika de Brito 74
- Recettes pour le printemps 78

Été 103
- Rayonner 105
- Yoga pour la confiance en soi by Elena Brower 106
- Recettes pour l'été 110

Automne 145
- Se réinventer 147
- Yoga pour la digestion by Mark Holzman 148
- Recettes pour l'automne 153

Hiver 191

- Cocooner 193
- Good mood yoga by Tara Stiles 194
- Recettes pour l'hiver 188

Annexes 231

- Mes smoothies préférés 234
- Liste des recettes 237
- Remerciements 247

« *Que ta nourriture soit ta médecine,
et ta médecine ta nourriture.* »
Hippocrate

« *Eat food. Not too much. Mostly plants.* »
Michael Pollan

« *D'accord, mais à condition que ce soit bon et beau !* »
Rebecca Leffler

VIVE LA RÉVOLUTION !

Oui, *my friends*, un grand mouvement est en marche : la Health Food Revolution !

Bye-bye à l'ancien régime de la malbouffe et hello à la République du Green !
« Green ? – me direz-vous – Mais qu'est-ce que c'est que ça ? » Green, *Ladies* !
Le Vert au sens large ! Plantes, légumes, légumineuses, tubercules, fruits, céréales, épices, graines, oléagineux... Bref, tout ce qui pousse dans la terre ou sur les arbres, et qui fait du bien à votre corps autant qu'à votre palais.

De Hollywood à New York, le Green est le nouveau noir – entendre : le *must have* de l'alimentation. Les plus grandes stars se l'arrachent. Leur accessoire fétiche ? Un verre géant de green smoothie. Leur plus grande fierté ? Leur régime vegan, ou *raw* (cru), ou sans gluten, ou sans lactose, ou tout à la fois. Alors, si elles s'y mettent, pourquoi pas vous ? Non, vous ne rêvez pas, je vous invite bien à mettre du végétal dans votre assiette. Originale, créative, fun, la cuisine green est un régal. *Has been*, l'alternative entre plaisir et santé ! *No more* salades *boring* de laitue sans saveur, et *yes, yes, yes* aux recettes girly et gourmandes dans lesquelles une carotte peut devenir sexy, une patate douce époustouflante, et un avocat transcender une mousse au chocolat.

Changer sa manière de manger ne veut pas dire se priver. Quand vous suivez un régime, vous passez votre temps à dire non. À vous interdire, à vous brimer, à vous frustrer. Déprimant, *isn't it* ? Et totalement contre-productif. Alors maintenant, on va plutôt dire oui ! Oui à plus de green dans nos vies ! Oui à plus de couleurs, de saveurs, de variétés, de légumes, de graines, de céréales, de légumineuses, d'oléagineux, de fruits – avec plus de respect pour chaque aliment. Oui à prendre plus de temps à savourer les plats, à méditer, à s'occuper de soi... La cuisine à base de plantes respecte le corps et lui apporte tout ce dont il a besoin. Il suffit de savoir s'y prendre. On peut même s'en contenter, et se sentir très bien. Je le sais puisque je suis quasi « végétalienne ». Avec « Alien » dedans, comme pour le petit bonhomme vert, venu d'une autre planète pour coloniser la terre. D'ailleurs, je vous vois déjà transpirer à grosses gouttes : « Cette fille va nous priver de fromage et de bonne viande bien saignante ! » *Don't panic* ! Mes intentions sont pacifiques. Je ne veux pas vous convertir de force à l'alimentation végétalienne exclusive. Je vous invite simplement à découvrir la pizza à la socca, les love-lasagnes ou mon fameux cheesecake aux noix.

Ce livre va plus loin qu'un livre de recettes classique. Exemple : vous y trouverez des leçons de yoga. « Des leçons de yoga ? Dans un livre sur l'alimentation ? » Oui, car le corps et l'esprit ne font qu'un : il faut bien manger, certes, mais il faut aussi prendre plaisir à manger, respecter sa digestion, évacuer le stress et les contrariétés.
Le yoga fait travailler sur ses sensations, ses mouvements, sa respiration, mais aussi sur sa concentration, sa détermination, et sa capacité à libérer les tensions. Alors quand vous tomberez sur des postures, entre deux recettes, n'hésitez pas : faites-les chez vous, y compris dans votre cuisine, c'est fait pour ça ! Écouter son corps et son esprit, c'est aussi suivre le rythme des saisons, comme dans les quatre parties de ce livre. Selon le climat, la chaleur, la luminosité, vous avez des envies différentes, selon les messages que votre corps a besoin de vous faire passer pour que vous le bichonniez. Alors oui à la liberté d'expression corporelle : écoutez ses revendications, votre corps vous le rendra.

Venez tous, on va trinquer ensemble… à votre santé !

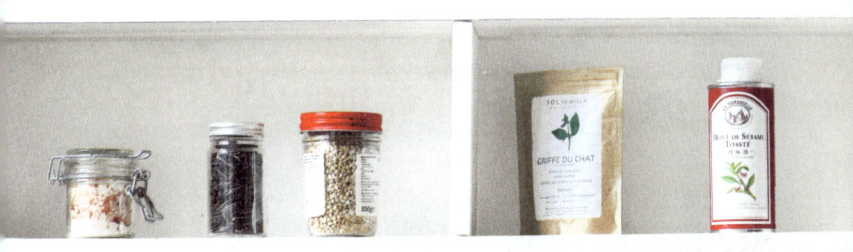

Le placard

Une cuisine, c'est comme un dressing : il faut bien la remplir pour parer à toute éventualité

MES INGRÉDIENTS INDISPENSABLES

LES PRODUITS FRAIS

Leur disponibilité, leur prix, leur goût... et leur empreinte carbone dépendent de la saison. La liste ci-dessous est donc à adapter en fonction de ce que l'on trouve au marché, même si aujourd'hui avec la globalisation, tous les produits – même bio ! – sont disponibles toute l'année. Bien sûr, une tomate française en plein été est plus adaptée qu'une papaye qui voyage pendant plusieurs jours depuis le Mexique, mais il faut aussi écouter son corps. Et si le corps veut un avocat en hiver, même si on ne vit pas en Californie ou en Espagne, on y a droit !

Côté basiques, mieux vaut toujours avoir sous la main

Salades vertes • Épinards • Chou kale • Avocats • Brocolis • Carottes • Céleri • Chou-fleur • Patates douces • Oignons • Ail • Herbes fraîches : persil, coriandre, basilic, sauge, verveine, romarin, ciboulette, menthe, aneth • Bananes • Pommes • Citrons • Baies : fraises, myrtilles, mûres... fraîches de préférence, congelées sinon (sauf les fraises).

Dans la mesure du possible, aussi bien par respect de l'environnement que pour la qualité des aliments, mieux vaut acheter des fruits et légumes bio. Je sais, ce n'est pas toujours possible, c'est plus cher et moins simple à trouver. Alors voici une liste des aliments très *dirty* (sales) qu'il faut privilégier version bio, et de ceux plus *clean* (propres) que vous pouvez acheter en provenance de l'agriculture conventionnelle.

Chargés en pesticides dans leur version conventionnelle, ils sont à privilégier en bio

Pommes • Céleri • Fraises • Pêches • Épinards • Poivrons rouges • Myrtilles • Salades vertes • Concombres

Peu chargés en pesticides, vous pouvez les consommer non-bio

Oignons • Ananas • Avocats • Chou • Petits pois • Asperges • Aubergines • Kiwis • Patates douces • Pastèque

Éplucher ou ne pas éplucher

Parfois, je conseille d'utiliser les fruits sans les éplucher. Ne tombez pas dans les pommes... c'est normal ! Votre peau est magnifique depuis que vous faites attention à votre mode de vie ? C'est pareil pour les fruits ! Bio, ils ont une peau magnifique, riche en fibres, en antioxydants et en vitamines et minéraux. Quand on épluche, on perd ces nutriments. Alors ne jetez pas la peau des pommes, des poires, des pêches, des nectarines ou le zeste d'orange ou de citron ! On a même le droit de manger la peau de la mangue et du kiwi, mais bon, je n'en suis pas là non plus...

On va garder la peau quand on peut, surtout si on achète bio et si on lave bien
– très bien ! – avant usage. Car la peau, riche en nutriments, peut aussi l'être en…
pesticides ! (La pomme empoisonnée de Blanche Neige ? Et oui, elle n'était pas bio.)
Si on n'achète pas la version bio, pas de problème, on épluche et tant pis.

N'ayez pas peur : la peau de fruits bio est parfois très moche, mais l'habit ne fait pas
le moine ! Les pommes qui attirent vos yeux au supermarché ? Elles sont couvertes
de cire ! Attention !

LES PRODUITS LONGUE CONSERVATION

Les céréales… ou les graines déguisées en céréales !
Quinoa blanc • Riz complet • Sarrasin • Quinoa rouge ou multicolore • Riz sauvage • Millet • Amarante

Les légumineuses
Lentilles corail • Lentilles vertes (du Puy de préférence) • Pois chiches • Haricots blancs • Haricots noirs

Les oléagineux et fruits secs
Amandes • Noix • Noix de cajou • Raisins secs • Noisettes • Noix de macadamia • Noix du Brésil • Tomates séchées • Noix de coco râpée • Noix de pécan

Les purées d'oléagineux
Purée d'amande • Tahini (sésame) • Purée d'amande blanche • Purée de noisette

Les graines
Graines de sésame • Graines de chanvre • Graines de chia • Graines de tournesol • Graines de lin • Graines de courge

Les Superfoods (ou superaliments : voir page 48)
Cacao en poudre • Poudre de caroube du Pérou • Poudre de spiruline • Poudre de maca • Baies de goji • Poudre de lucuma • Poudre d'açaï • Pollen d'abeilles • Aloe vera

Les huiles et vinaigres
Huile de noix de coco (vierge extra et pressée à froid, de préférence) • Huile d'olive (vierge extra et pressée à froid, de préférence) • Vinaigre de cidre • Huile de pépins de courge • Huile de sésame toasté • Huile de sésame • Huile de noix • Huile de chanvre • Huile de noisette • Huile de truffe

Les épices
Vanille • Cannelle • Curcuma • Poivre noir Poivre de Cayenne • Cumin • Coriandre • Curry en poudre • Origan • Noix de muscade • Clou de girofle • Cardamome

Les laits végétaux (si vous ne les faites pas vous-même !)

Lait d'amande • Lait de noisette • Lait de chanvre • Lait d'avoine et/ou lait de riz

Les condiments

Pâte de miso • Tamari ou nama shoyu ou amines de coco • Algues, fraîches ou sèches : dulse, wakame, arame, kelp, laitue de mer, spaghetti de mer, kombu… • Feuilles de nori • Levure de bière • Sel (de l'Himalaya de préférence) • Olives • Moutarde à l'ancienne (j'adore celle au vinaigre de cidre bio)

Pour cuisiner

Farine de sarrasin • Farine de pois chiche • Farine de riz complet • Farine de noix de coco • Amandes en poudre • Levure chimique (sans aluminium)• Poudre d'arrow-root

Pour aromatiser

Poudre de thé matcha • Thé vert • Tisanes (camomille, menthe, fenouil, réglisse, verveine ou sachets de mélanges préparés)

Pour sucrer

Dattes (medjool de préférence) • Sirop d'érable • Miel cru ou brut (de préférence local) • Stévia • Sirop de yacon • Sucre de noix de coco

LES INSTRUMENTS UTILES POUR LA CUISINE GREEN

Blender / mixeur puissant (le must : le Vitamix !) • Cuiseur vapeur • Robot culinaire • Sacs pour lait végétal • Centrifugeuse • Râpe microplane • Bocaux en verre • Cercles à pâtisserie, moules à muffins, gâteaux, cakes… Déshydrateur • Mandoline

MES BEST FRIEND FOODS

En cuisine comme en amitié, chacun a ses *best friends*, ses meilleurs amis. J'ai décidé de vous faire rencontrer les miens ! Vous verrez, ils sont très sympas, à la fois sains et délicieux, et ô combien précieux dans la cuisine green. D'ailleurs, vous les retrouverez dans de (très) nombreuses recettes et les reconnaîtrez grâce à ce petit logo ♥.

Avocat • Citron • Gingembre • Patate douce • Amandes et noix • Algues • Spiruline• Banane Chia • Chanvre • Cacao • Quinoa • Carotte • Pomme • Les greens (légumes verts), tous les greens, j'adore les greens ! • Noix de coco (eau, chair, huile)

Les fermentés

• Miso • Choucroute • Yaourts

MES BEST ENEMY FOODS

Pour que ce soit bien clair entre nous et qu'on parte du bon pied ensemble, autant vous prévenir que dans ce livre, vous ne trouverez rien à base de :

Produits laitiers • Produits à base de gluten • Café • Alcool • Sucre blanc • Viande • œufs • Poisson…

Vous pouvez cependant les utiliser dans/ou les déguster avec mes recettes, je vous laisse faire les adaptations qui vous plairont !

REMPLACER LES ŒUFS POUR DES RECETTES GREEN

Quand on débarque dans l'aventure green, on doit trouver des alternatives aux œufs dans les recettes. Mission impossible ? Mais non, mes poulettes ! Il existe plusieurs manières de faire lever vos gâteaux ou lier les ingrédients pour vos pâtisseries ou plats salés.

UN ŒUF SE REMPLACE PAR…

POUR LE SALÉ	POUR LE SUCRÉ
• 1 c. à soupe de gélatine (végétale, please !) + 3 cuillères à soupe d'eau (à température ambiante)	• 1 c. à soupe de fécule de pomme de terre ou de fécule de tapioca + 2 c. à soupe d'eau (pour lier les ingrédients dans une pâte à tarte ou dans un muffin, cupcake ou pain)
• 1 c. à soupe d'agar-agar + 3 c. à soupe d'eau (à température ambiante)	
• 1 c. à soupe de graines de chia + 3 c. à soupe d'eau (à température ambiante)	• 1 banane écrasée (pour donner une consistance moelleuse et parfumée)
• 1 c. à soupe de graines de lin moulues + 3 c. à soupe d'eau (à température ambiante)	• 50 ml de purée de pomme (pour un gâteau moelleux)
• 1 c. à soupe de poudre d'arrow-root + 2 c. à soupe d'eau	• 50 ml de purée de potiron (pour un gâteau moelleux)
	• 50 ml de tofu soyeux
	• 50 ml de yaourt végétal

Beauty tips de Tata

by Tata Harper, fondatrice &P.-D.G. de Tata Harper Cosmetics

Dans sa grande ferme du Vermont, Tapa Harper fabrique des cosmétiques naturels et non-toxiques, à base d'aloe vera, d'huile de coco, de pamplemousse, d'huile d'olive, de cacao ou d'avocat. Tous ses produits sont *made in her farm* et ça change tout. D'ailleurs sa clientèle ne s'y trompe pas : Gwyneth Paltrow, Christy Turlington ou encore Julianne Moore comptent parmi ses plus grandes fans.

Alors c'est le moment de nous sentir un peu star parce que Tata a accepté de nous dévoiler ses secrets de beauté pour un visage rayonnant de santé.

J'ai intégré dans mon rituel de beauté quotidien et hebdomadaire des habitudes qui aident à garder ma peau lumineuse, brillante, hydratée et saine sur le long terme. Le secret pour avoir une belle peau, c'est de bien s'en occuper, avec des soins en plusieurs étapes tous les jours, et des traitements spécifiques chaque semaine ou au moins chaque mois. Quelques-uns de ces conseils et secrets, je les ai appris de ma mère et de ma grand-mère.

Soins hydratants

Hydratez bien votre peau pour lui donner une belle luminosité. La peau sèche est terne, la peau hydratée, éclatante.

Utilisez un hydratant quotidien et des produits anti-âge qui contiennent de l'acide hyaluronique, un composant que la couche la plus profonde de notre peau produit elle-même : il garde la peau pulpeuse et les fibres de collagène saines. Les hydratants contenant des humectants, comme le miel cru par exemple, aspirent l'humidité de leur environnement tout au long la journée, pour maintenir un niveau d'hydratation équilibré.

Appliquez une huile pour le visage après votre hydratant, elle protégera la peau des dommages causés par l'environnement. Attention : assurez-vous d'utiliser une huile de bas poids moléculaire (PM) pour que celle-ci soit la moins grasse possible, et pénètre plus facilement la peau. Demandez conseil à votre esthéticienne, si elle est sensible au bio, elle saura vous guider vers les bons produits.

Bain de vapeur pour le visage

Voilà un secret qui me vient de ma mère et de ma grand-mère : offrez à votre visage un bain de vapeur à base d'herbes, 1 fois par semaine, pour détoxifier votre peau.

Faites infuser dans un bol d'eau chaude un sachet à thé d'herbes mélangées – la reine-des-prés, le calendula et la consoude sont des plantes aux vertus incroyables. Puis penchez votre visage au-dessus du bol, mettez une serviette sur votre tête et laissez-la tomber pour piéger la vapeur. Laissez la vapeur pénétrer jusqu'à ce que l'eau refroidisse, puis rincez votre visage. *Amazing* !

Masque exfoliant aux enzymes

Faites plaisir à votre peau de temps en temps, avec un masque exfoliant à base de fruits frais comme la papaye ou l'ananas : tous deux ont des enzymes spéciales, qui détoxifient et nettoient la peau de façon extraordinaire, tout en luttant contre les bactéries. J'adore faire mes propres masques dans mon robot culinaire avec un peu de yaourt grec, du miel et des fruits frais. Ça rend la peau douce et toute joyeuse d'être débarrassée des peaux mortes et des toxines de l'environnement qui s'accumulent tous les jours.

Tata Harper *est la reine de la cosmétique green aux États-Unis. C'est la fondatrice et P.-D.G. de Tata Harper Cosmetics. www.tataharperskincare.com*

6 RÈGLES POUR BIEN MANGER, BY DR. LEO GALLAND

Être green, glamour et gourmande ne signifie pas seulement manger des aliments sains : il s'agit d'un style de vie où l'alimentation, l'activité physique, l'environnement, les rapports aux autres, la manière de penser et la détoxification du corps forment un tout. Une « philosophie » qui fait écho à la médecine selon le Dr Leo Galland, citoyen de New York et père de la médecine intégrative.

La médecine intégrative est un subtil mariage entre les dernières avancées scientifiques et les systèmes de guérison traditionnels. Elle se concentre sur le rapport entre l'esprit et le corps, et sur la relation médecin-patient. Car Leo Galland est un docteur qui s'intéresse avant tout… au malade : l'idée centrale dans sa pratique est qu'il faut faire un diagnostic du patient plus encore que de la maladie. Il a lancé cette révolution médicale il y a plusieurs années et aujourd'hui cette attitude a fait des émules un peu partout dans le monde.

Le Dr Galland s'intéresse beaucoup à ce qu'il y a dans l'assiette du patient, car l'alimentation est une des bases pour être en bonne – ou en mauvaise – santé. Les principes nutritifs qu'il préconise font écho à la cuisine green, glamour et gourmande. Je lui ai donc demandé de nous donner ses conseils de base et voici ce qu'il m'a répondu. Une consultation VIP !

Une bonne nutrition est au fondement d'un style de vie sain. Les recettes de *Green, Glam et Gourmande* vous montrent que se nourrir en suivant des règles de santé peut être l'occasion de créer une cuisine de gourmet, aussi amusante à préparer que délicieuse à manger. Pour soutenir cette démarche, voici six principes fondés sur des centaines d'études scientifiques. Ils aident votre corps à lutter contre l'inflammation et à résister aux maladies dégénératives chroniques, qui favorisent le vieillissement et attaquent votre cœur, vos vaisseaux sanguins, votre système immunitaire, votre cerveau et votre système digestif.

1. HAUTE DENSITÉ NUTRITIONNELLE

Il faut rechercher la valeur nutritionnelle la plus importante par calorie consommée. Chaque bouchée doit être riche en ce dont on a besoin pour être en bonne santé, guérir l'inflammation et garder son poids de forme : les vitamines, les minéraux, les phytonutriments, les fibres et les acides gras oméga 3. Pas de calories « vides », pas de sucres artificiels, pas de gras ou d'huiles modifiés.

2. PAS D'ACIDES GRAS TRANS

Les acides gras trans sont créés en modifiant les gras polyinsaturés qui se trouvent dans les huiles de légumes ou de poisson, par le processus d'hydrogénation. Ils ne servent à rien nutritionnellement et sont très mauvais pour la santé. La plupart sont créés via une hydrogénation industrielle, mais le même processus se produit naturellement quand les vaches mangent des acides gras. Elles développent ainsi des acides gras trans dans leur chair et leur lait. Les acides gras trans peuvent aussi se trouver dans la margarine et des huiles végétales qui sont dans beaucoup d'aliments transformés.

3. HAUTE TENEUR EN OMÉGA 3

Les acides gras oméga 3 sont essentiels au bon fonctionnement du corps et du cerveau. Ils aident à guérir l'inflammation et à favoriser l'activité cellulaire. Ils améliorent ou préviennent la dépression, la maladie d'Alzheimer, les arythmies cardiaques et d'autres troubles. Les graines de lin, les noix, les légumineuses (lentilles, pois chiches, haricots rouges et blancs…) et les légumes verts sont de bonnes sources d'oméga 3.

4. BEAUCOUP DE FIBRES

Il faut manger au moins 20 à 30 grammes de fibres par jour. De nombreuses études ont montré que les régimes riches en fibres ont un effet anti-inflammatoire. Par exemple, une étude faite à L'Université médicale de la Caroline du Sud aux États-Unis, publiée en 2003 dans l'*American Journal of Cardiology*, a démontré que, dans un échantillon de 5 000 adultes, une consommation élevée de fibres alimentaires était corrélée avec des niveaux plus bas de CRP, un indicateur clé de l'inflammation. Dans d'autres études, un apport élevé en fibres a été associé à une protection contre les maladies cardiaques, les accidents vasculaires cérébraux et certains types de cancer. Les aliments riches en fibres sont non seulement sains, mais ils sont aussi rassasiants et nourrissants. Les études ont montré qu'un apport plus élevé en fibres est associé à plus de satisfaction après un repas et un meilleur contrôle de l'appétit, ce qui aide à faciliter la perte du poids.

5. AU MOINS 9 PORTIONS DE LÉGUMES ET DE FRUITS PAR JOUR

Les fruits et légumes sont d'excellentes sources de fibres et d'antioxydants, y compris les flavonoïdes et les caroténoïdes qui donnent aux fruits et aux légumes leurs parfums intenses et leurs couleurs vives. Beaucoup de flavonoïdes ont un effet anti-inflammatoire prouvé par des études scientifiques, et sont associés à une diminution des risques de maladies cardiovasculaires et d'accidents vasculaires cérébraux. Le régime humain a le potentiel d'inclure environ 400 flavonoïdes séparés, mais la plupart des Occidentaux ne mangent qu'une petite fraction de ces nutriments alléchants. La cuisine traditionnelle asiatique fournit 4 à 5 grammes de flavonoïdes par jour, grâce à l'abondante utilisation d'épices, de thé, d'herbes et bien sûr de légumes ; le régime occidental typique n'en fournit qu'environ 1 gramme par jour... Il est temps de s'y mettre !

6. PIMENTEZ VOTRE NOURRITURE

Les herbes et les épices contiennent des composés anti-inflammatoires puissants – ça a été prouvé non seulement par des recherches, mais aussi par... des vrais gens qui mangent de la vraie nourriture. Je les recommande non seulement pour leurs effets anti-inflammatoires, mais aussi pour le parfum qu'ils apportent à un plat. Utilisez les herbes et épices de cette liste de manière généreuse tous les jours : basilic, cardamome, coriandre, cannelle, clous de girofle, cumin, gingembre, persil, curcuma, ail et oignon.

AURIEZ-VOUS DU FEU ?

L'inflammation est une réaction de défense immunitaire par laquelle le corps répond à une agression. Elle devient cependant dangereuse quand elle est chronique. Or, l'inflammation chronique est de plus en plus commune à cause de la pollution, du stress ou d'une mauvaise alimentation. Le corps se protège contre ces « envahisseurs » comme il le fait contre les infections. Plus on malmène son corps, (surtout ses intestins, à travers les gras saturés, le sucre, l'alcool, le gluten, les produits laitiers, les toxines, le stress, trop de sport, l'obésité, le manque de sommeil ou la colère), plus l'inflammation progresse.

Elle peut provoquer rougeurs, gonflements, migraines, problèmes de digestion, douleurs, allergies et maladies chroniques et éventuellement, avec le temps, cancers, Alzheimer et risques cardiovasculaires.

Les aliments peuvent agir comme agents inflammatoires (la caféine, le sucre, la farine blanche, l'alcool, le lait, le gluten...) ou comme alliés anti-inflammatoires : l'huile d'olive, le thé vert, le chocolat noir, les fruits et les légumes, et beaucoup beaucoup d'autres que vous allez découvrir à travers les recettes délicieuses dans ce livre pour éteindre peu à peu le feu de l'inflammation dans vos corps *on fire* !

LES PRÉPARATIONS DE BASE

Avant de débarquer dans cette grande aventure sur la Planète Green, il faut bien s'équiper. Même si vous avez déjà l'impression d'aller sur la Lune, dès qu'on maîtrise ces recettes de base, le reste est *so* facile : *I promise* ! Alors préparez-vous, chères élèves, l'école green commence ! Les indispensables de votre garde-robe glamour et gourmande ! Dans la cuisine végétale, on adore les couleurs et les saveurs prononcées, mais il nous faut d'abord les basiques, peut-être à première vue tous simples et banals, mais essentiels à une cuisine de qualité. Voilà les recettes classiques, indémodables et intemporelles, qui se réinventent au gré des saisons pour votre vestiaire culinaire !

Les temps de trempage et de cuisson sont précisés aux pages 38-39.

LE LAIT VÉGÉTAL

Pour : smoothie, milk-shake, boisson chaude, latté au thé, soupe, céréales, granola, porridge, pudding ou « tout nu » dans un verre !

Notre organisme digère mal le lait de vache, et moins on en prend, mieux on se porte. D'accord, dans les premiers mois, les premières années, les enfants en ont besoin, mais après on peut oublier ! Ou au moins en prendre le moins possible.

Alors, pour noyer vos céréales du matin, épaissir vos plats ou concocter sauces et desserts crémeux, essayez plutôt le lait végétal. Non, petite maligne, vous n'allez pas devoir traire des plantes ! Le lait végétal n'est pas vraiment un lait : c'est une préparation liquide à base de noix ou de graines, qui ressemble au lait par sa texture et son apparence, mais pas en goût. Il est tellement meilleur ! En revanche, ce n'est pas toujours moins calorique, alors n'en abusez pas.

Vous connaissez certainement déjà le lait de soja, mais il en existe bien d'autres, que l'on peut facilement faire chez soi. Vos laits végétaux maison se conservent au frais, dans un bocal hermétique, quelques jours pas plus (comme un pack de lait traditionnel ouvert).

Le sac à lait végétal sera votre nouveau it-bag. C'est un petit sac en tissu, avec plein de petits trous, qui s'utilise comme une sorte de passoire pour faire les laits végétaux. En anglais, un *nut milk bag* !

Pour les paresseuses : les laits végétaux sont de grands alliés de la cuisine à base de plantes. Si vous préférez en acheter directement dans le commerce pour vous faciliter les choses dans vos préparations, vous avez ma permission ! Mais privilégiez les laits sans sucres ajoutés. Règle générale : si vous ne pouvez ni prononcer ni identifier les additifs, n'achetez pas le produit !

Lait d'amande, de noisette, de noix...

Pour 1 portion

50 g d'amandes, de noisettes, de noix, de noix du Brésil, de noix de cajou ou de noix de pécan • 500 ml d'eau (ou d'eau de coco) • 1 datte dénoyautée • Plusieurs pincées de vanille en poudre, selon votre goût

Faites tremper vos noix en suivant les durées indiquées page 40 pour les ramollir. Faites aussi tremper la datte 5 minutes dans l'eau chaude,

Rincez-les, puis mixez-les avec l'eau et la vanille. Si vous souhaitez obtenir une préparation plus lisse, passez le mélange dans une passoire ou un tissu végétal.

Lait de coco version 100 % coconut

Pour 1 portion

1 noix de coco fraîche

Percez la noix de coco à l'aide d'un couteau pointu, et récupérez son eau. Puis cassez la noix à l'aide d'un marteau (à oublier à 22 heures en pleine ville) et récupérez la chair à la cuillère. Enfin, mixez la chair et l'eau de coco dans un blender, pour obtenir un lait doux comme la soie.

LES PROTÉINES

Ça vous dit quelque chose ? En fait, les protéines sont indispensables pour l'organisme. Elles sont nécessaires pour les hormones, les muscles, la peau, les enzymes qui aident la digestion et le système immunitaire.

Les acides aminés sont des petites molécules qui se combinent pour former les protéines dans le corps. Un peu comme des Lego !

Les acides aminés et les protéines sont la base de la vie ! Les acides aminés essentiels sont ceux qui ne peuvent pas être synthétisés par le corps et qui doivent être apportés par l'alimentation. Et oui, même l'alimentation à base de plantes ! Quand on ne consomme pas de protéines d'origine animale, il faut veiller à en consommer régulièrement des végétales : il y en a beaucoup dans les noix et les purées de noix, les graines, le quinoa, les lentilles, les haricots et les pois chiches, les petits pois et pleins de légumes dont le kale, le brocoli et les épinards !

Version « pas envie de me casser la noix »

Pour 1 portion

500 ml d'eau (ou d'eau de coco) • 50 g de noix de coco râpée • 1 datte dénoyautée • ¼ c. à café de vanille en poudre

Faites tremper la datte 5 minutes dans l'eau chaude pour la ramollir. Mixez ensuite tous les ingrédients dans un blender. Passez le mélange dans une passoire pour une préparation plus lisse.

Lait de chanvre

Pour 1 portion

500 ml d'eau (ou d'eau de coco) • 2 c. à soupe de graines de chanvre • 1 datte dénoyautée • ¼ c. à café de vanille en poudre

Faites tremper la datte 5 minutes dans l'eau chaude pour la ramollir. Mixez ensuite les graines de chanvre avec l'eau, la datte et la vanille.

LE FROMAGE VÉGÉTAL

Pour : céréales (quinoa, sarrasin, millet, riz complet), pâtes (sans gluten ou de légumes *of course* !), salades chaudes ou froides, sandwichs, wraps, pizzas, lasagnes ou tartiné sur des crackers ou des toasts…

Bon, je ne vais pas commencer à vous dire que mon « faux fromage » a le goût du vrai, mais oh la vache (oui, j'adore les jeux de mots), c'est tellement bon quand même ! Ce *veggie cheese* est le petit-cousin végétal du fromage – salé, crémeux et savoureux… mais très digeste, lui ! Je le conseille en priorité avec des noix de macadamia, les plus indiquées pour ce type de préparation tant pour leur texture que pour leur goût : elles donnent un *veggie cheese* onctueux, un peu comme du chèvre ou de la mozzarella. Se conserve jusqu'à 4 jours au frais.

Veggie cheese au naturel

Pour 1 portion

50 g de noix de macadamia (ou pignons de pin, amandes ou noix de cajou) • Le jus d'1 citron • ½ c. à soupe de vinaigre de cidre • 1 c. à soupe d'huile d'olive • Sel

En option, pour un goût plus « fromagé » : *1 c. à soupe de levure de bière*

Faites tremper les noix en suivant les durées indiquées page 40, pour les ramollir. Mixez ensuite tous les ingrédients dans un blender, avec 1 pincée de sel, jusqu'à obtenir une pâte lisse.

Veggie cheese au miso

Pour 1 portion

50 g de noix de macadamia (ou de pignons de pin, d'amandes ou de noix de cajou) • Le jus d'1 citron • 1 c. à café de pâte de miso

Faites tremper les noix en suivant les durées indiquées page 40, pour les ramollir. Mixez tous les ingrédients dans un blender, jusqu'à obtenir une pâte lisse.

Veggie cheese aux herbes

LES PROBIOTIQUES : BACTÉRIE, MON AMIE !

Ce soir je vous propose un grand bol de bactéries ! Ça vous dit ? Je sais que l'idée de manger des bestioles microscopiques, réputées agresser notre corps, n'est pas très appétissante. Mais je vous parle des bonnes bactéries. Celles qui font du bien, et qui regorgent de trésors cachés : les probiotiques.

Les probiotiques sont des bactéries bénéfiques pour l'organisme. La flore intestinale est composée de milliards de ces bactéries qui influent sur le système immunitaire. Oui, oui, je parle bien de milliards de bactéries vivant dans votre ventre ! En fait, elles sont vos alliées, elles vous protègent contre les maladies : elles forment une sorte de police intestinale qui aide votre système digestif, ainsi que vos systèmes nerveux et respiratoire.

Pour faire le plein de probiotiques sans passer par la case complément alimentaire, il suffit de manger des aliments fermentés. Je parle du miso, des yaourts aux noix de coco... et de la choucroute !

Pour 1 portion

50 g de noix de macadamia (ou de pignons de pin, d'amandes, de noix de cajou) • Le zeste et le jus d'1 citron • 1 c. à soupe d'huile d'olive • 1 c. à soupe de ciboulette ciselée • 1 c. à soupe de basilic frais ciselé ou de persil • Sel

En option, pour un goût plus « fromagé » : *1 c. à soupe de levure de bière*

Faites tremper les noix en suivant les durées indiquées page 40, pour les ramollir. Mixez tous les ingrédients dans un blender, avec 1 pincée de sel, jusqu'à obtenir une pâte lisse.

LA CRÈME VÉGÉTALE

Pour : céréales et graines, pâtes, préparations à base de légumes cuits ou crus, salades chaudes ou froides, soupes, tacos…

Vous les Français, vous adorez mettre de la crème fraîche partout ! Je pense que j'ai été française dans une autre vie parce que moi aussi… Alors pour ne pas vous priver de votre petit plaisir, en voici des versions végétales qui apporteront l'onctuosité que vous recherchez.

La crème de macadamia

Pour 1 portion
30 g de noix de macadamia • 1 c. à café de vinaigre de cidre • Le jus d'1 citron • Sel

Faites tremper les noix en suivant les durées indiquées page 40, pour les ramollir. Mixez tous les ingrédients dans un blender, avec 1 pincée de sel, jusqu'à obtenir une consistance lisse et légèrement épaisse.

N.B. Si vous gardez vos crèmes au frais pour les réutiliser plus tard, elles vont épaissir au contact du froid, mais il vous suffira d'y ajouter un peu d'eau ou de jus de citron pour leur redonner de la légèreté (dosez la quantité de liquide supplémentaire selon l'épaisseur que vous souhaitez obtenir).

La crème de cajou

LE « BONS GRAS » DES NOIX DE MACADAMIA

Les noix de macadamia contiennent du « bons gras » : les acides gras mono-insaturés qui luttent contre les maladies cardiovasculaires et le diabète, et réduisent le taux de cholestérol dans le sang.

Elles sont aussi de bonnes sources de potassium, de calcium, de magnésium, de phosphore, de zinc et de vitamines B et E.

Attention, les noix de macadamia sont constituées de plus de 70 % de lipides alors il faut en manger avec modération.

Pour 1 portion

30 g de noix de cajou • 1-2 c. à soupe d'eau • 1 c. à café de vinaigre de cidre • Le jus d'1 citron • Sel

Faites tremper les noix en suivant les durées indiquées page 40, pour les ramollir. Mettez ensuite tous les ingrédients sans l'eau, avec 1 pincée de sel, dans un blender, et mixez. Puis ajoutez l'eau et mixez à nouveau, jusqu'à obtenir une crème lisse et crémeuse (dosez la quantité d'eau selon l'épaisseur que vous souhaitez).

LE BEURRE VÉGÉTAL

Pour : céréales et graines, préparations à base de légumes cuits ou crus, purée de patates douces, pancakes, scones, muffins ou tartiné sur des crackers ou du pain sans gluten…

Le beurre végétal conserve dans un bocal en verre à température ambiante, pendant 1 semaine environ.

Beurre au miso

Un beurre très riche en goût qui associe les bienfaits de l'huile de coco et du miso.

Pour 1 portion

2 c. à soupe d'huile de coco • 2 c. à café de miso

Mélangez l'huile de coco et le miso, à la main, pour former une pâte. Donnez-lui la forme que vous voulez.

Beurre gourmand

Un beurre très doux et sucré, qui ravira vos enfants.

Pour 1 portion

2 c. à soupe d'huile de coco • 4 c. à soupe de purée d'amande blanche (page 36) • ¼ c. à café de vanille en poudre • 1 c. à café de miel

Mélangez tous les ingrédients, pour former une pâte, à la main ou dans un blender, selon la consistance souhaitée.

POUR ASSAISONNER VOS PLATS

Pour : céréales et graines, pâtes, préparations à base de légumes cuits ou crus,

> ### ❤ Best Friend Food : le miso
>
> Je vous présente… votre *best friend food* japonais ! (oui, c'est chic d'avoir des amis partout dans le monde, *isn't it* ?) Même si ce nouvel ami est très vieux – né en Chine vers le IIIe siècle, puis adopté par les cultures bouddhistes et japonaises –, le miso est plein de vie : il fait partie de la famille des aliments fermentés, c'est-à-dire « vivants », parce que riches en bactéries.
>
> Le miso est une pâte de soja ou de riz au goût salé très prononcé, riche en enzymes, en probiotiques, en protéines et en anti-oxydants anti-âge. Voilà le secret de beauté et de longévité des femmes japonaises.
>
> Fondu dans un peu d'eau chaude, il se transforme en bouillon, idéal pour se remettre d'aplomb – en cas de gueule de bois, par exemple : il stimule la digestion, réchauffe le corps, fortifie le sang et renforce le système immunitaire. Au Japon, on en consomme même au quotidien le matin, pour bien démarrer la journée et… la digestion ! Vous pouvez également le mélanger à vos plats, vos sauces ou vos crèmes à tartiner, pour en remplacer le sel et en relever le goût. Mais faites attention au dosage car il est très salé ! Comptez 1 cuillerée à café par tasse de liquide, c'est largement suffisant.
>
> En France, vous trouverez facilement du miso blanc ou shiro miso (plus doux, plus sucré) et du miso rouge ou hatcho miso (plus fort car fermenté plus longtemps). Un conseil : veillez à ce qu'il ne soit pas pasteurisé pour en garder les enzymes intacts.

salades chaudes ou froides, soupes, lasagnes, pizzas…

Giboulée d'amandes

Pour 1 portion
50 g d'amandes • 1 gousse d'ail • Sel

Faites toaster les amandes quelques minutes à la poêle ou au four, pour les griller légèrement. Pelez et hachez l'ail.

Mettez les amandes, l'ail et 1 pincée de sel dans un moulin (ou blender), jusqu'à ce que ce soit moulu mais pas trop finement : n'en faites pas de la poudre !

Cascade de chanvre

Pour 1 portion

2 c. à soupe de graines de chanvre • 1 c. à soupe de levure de bière • Sel

Mélangez tous les ingrédients dans un blender, ou à la main, avec 1 pincée de sel.

Gomasio-oh-là-là !

> ## LA LEVURE DE BIÈRE : STAR INCONTESTÉE AUX USA !
>
> Malgré son nom, la levure de bière n'est ni une levure ni de la bière… mais plutôt une colonie de champignons microscopiques, très riches en protéines, vitamines B et minéraux. *Okay*, je pense que là vous avez arrêté de lire après le mot « champignons »… Bon, ce qu'il faut savoir, c'est que la levure de bière se consomme en poudre, elle a été chauffée, par un processus qui tue les effets nocifs des champignons. Elle peut donc être consommée même par ceux qui ont des problèmes de candida.
>
> La levure de bière est souvent consommée par les personnes qui suivent un régime végétarien, car elle leur apporte un bon complément nutritif.
>
> La levure de bière est aussi conseillée pour la beauté des cheveux et des ongles car elle contribue à les rendre plus forts et résistants.
>
> Attention, n'abusez pas sur la quantité car elle peut provoquer des ballonnements ou autres petits désagréments aux ventres sensibles : 1 ou 2 cuillères à soupe maximum Pour 1 portion !
>
> Quelques pincées de levure de bière sur un plat ou une assiette apportent un goût délicieux aux accents de fromage. Saupoudrez-la au naturel sur vos recettes pour retrouver ce petit goût – dans un *veggie cheese*, mais aussi dans les sauces ou sur des salades.

Le gomasio est un condiment très utile qui remplace le sel. Saupoudré sur vos plats, il relèvera leur goût, tout en leur apportant le sien. Se conserve longtemps, dans un bocal en verre, au sec.

Pour 1 portion

100 g de graines de sésame • 1 c. à soupe d'algues sèches • Sel (de l'Himalaya, de préférence)

Jetez les graines de sésame dans une casserole et faites cuire à feu moyen pendant 1 à 2 minutes, pour les griller légèrement (vous le sentirez quand ce sera prêt !). Mixez les graines et une pincée de sel dans un broyeur avec les algues sèches.

N.B. Vous pouvez aussi faire une version crue, avec moins de goût et plus de complications, mais avec plus d'énergie vivante aussi ! Trempez les graines dans de l'eau pendant 8 heures, puis séchez-les dans un déshydrateur pendant 6 à 8 heures. Mixez-les ensuite avec les autres ingrédients.

LES SAUCES

Pour : céréales, pâtes, préparations à base de légumes cuits ou crus, salades chaudes ou froides, soupes, wraps, l'assiette macrobiotique.

Toutes se conservent au frais, en moyenne 3 jours.

Sauce tahini

Cette sauce est magique : c'est *the best* ! Ou, en tout cas, ma préférée…

Pour 1 portion
3 c. à soupe de tahini • Le jus d'1 citron • 1 gousse d'ail • 1 c. à café de miel • 1 c. à soupe d'huile d'olive • 2 c. à soupe d'eau (selon la consistance de votre tahini !)

Pelez et hachez l'ail. Mélangez tous les ingrédients, sauf l'eau, dans un blender ou à la main. Puis ajoutez de l'eau, peu à peu, jusqu'à obtenir une sauce lisse, mais pas trop liquide.

Sauce gingembre-tahini

Ô SÉSAME, MON CŒUR BAT POUR TOI !

Très populaire en Asie et dans la cuisine méditerranéenne, tu t'adaptes pourtant à n'importe quelle cuisine du monde. Tu es riche en nutriments, fibres et minéraux, tu facilites ma circulation sanguine et tu me protèges en renforçant mon système immunitaire. Tu es surtout très riche en protéines – environ 20 % sont absorbables par le corps, ce sont des protéines de haute qualité ! Tu es mon super-allié détox, grâce à tes acides aminés, ta méthionine et ton tryptophane, qui aident au bon fonctionnement du foie et des reins, et facilitent l'élimination des toxines.

Je t'aime encore plus habillé en tahini, encore plus facile à digérer, accessoire parfait pour mes sauces et mes plats sucrés ou salés. Et si je te mets en gomasio, je peux te manger quand je veux. Oui, Sésame, ouvre-toi à moi !

Pour 1 portion

2 c. à soupe de tahini • ½ c. à café de gingembre frais • 1 c. à café de miso • Le jus d'1 citron • 1 c. à café de tamari • 2 c. à soupe d'eau (selon la consistance de votre tahini !)

Épluchez et râpez le gingembre. Mélangez tous les ingrédients, sauf l'eau, à la main ou dans un blender. Puis ajoutez de l'eau, peu à peu, jusqu'à obtenir une sauce lisse, mais pas trop liquide.

Sauce soleil

> ### ♥ Best Friend Food : le gingembre
>
> Moche, pâlichon, recroquevillé de partout, le gingembre est pourtant un ami fidèle, un vrai *best friend* qui nous fait du bien. Le gingembre est une racine et c'est vrai qu'il est très stabilisant, équilibrant et qu'il nous aide à garder les pieds sur terre. Il est antibactérien et antiviral, il réchauffe le corps, stimule le système immunitaire, fait baisser la fièvre, aide à lutter contre certains cancers, protège le foie, donne de l'énergie, stimule l'appétit, réduit la toxicité de certains aliments, lutte contre les nausées et les troubles digestifs, agit comme un aphrodisiaque... et je vais m'arrêter là parce qu'on ne va pas y passer la nuit.
>
> Le gingembre frais est top, surtout pour les infusions, mais la poudre est très bien aussi, à mélanger dans les boissons, les soupes ou les porridges. Il se consomme dans les plats sucrés, salés et sucrés-salés !

Pour 1 portion

1 poignée généreuse de légumes verts au choix (épinards, chou kale ou blettes) • 1 poignée de roquette • Le jus d'1 citron • 2 c. à soupe de coriandre (ou de cerfeuil ou ciboulette) • 2 c. à soupe de menthe (ou de basilic ou persil) • 1 gousse d'ail • 2 c. à soupe d'huile d'olive • Sel, poivre

En option : *1 c. à soupe de levure de bière*

Pelez et coupez l'ail. Préparez vos légumes verts crus. Puis mixez tous les ingrédients jusqu'à obtenir une préparation lisse. Salez, poivrez selon votre goût. Cette sauce est aussi idéale en garniture de pizza.

Pesto au persil

Le pauvre persil, on ne pense à lui qu'en garniture rapidement jetée dans un plat. Pourtant il mérite bien mieux : en sauce, il peut être délicieux. Voilà un pesto qui le met en valeur et lui ferait presque voler la vedette dans l'assiette.

Pour 1 portion

1 grosse poignée de persil • 1 poignée d'épinards • 2 c. à soupe de noix toastées (ou d'amandes) • 2 c. à soupe d'huile d'olive • Le jus et le zeste d'1 citron • 1 c. à soupe de levure de bière

Mixez tous les ingrédients dans un blender ou robot jusqu'à obtention d'une préparation crémeuse, mais pas trop liquide. Ajoutez un peu d'huile d'olive ou de jus de citron si vous le trouvez trop sec.

Se conserve au frais pendant plusieurs jours. Ce pesto peut aussi être servi dans un wrap avec un peu de fromage (végétal !).

Sauce Caesar

La salade Caesar est emblématique des USA, et surtout de New York, où elle trône sur la plupart des cartes des restaurants. Mais ce qui distingue vraiment cette fameuse salade des autres, c'est sa sauce : une sauce délicieuse et crémeuse… Voilà ma version 100 % green mais 100 % Caesar !

Pour 1 portion

LE VERT DANS NOS ASSIETTES : L'ÉNERGIE DU SOLEIL

Et si on mangeait un grand bol de soleil ? Et oui, le soleil se mange ! Bon, *okay*, pas exactement le soleil, mais son énergie à travers la chlorophylle que les légumes verts et les herbes fraîches contiennent (et qui leur donne leur couleur). La chlorophylle nous permet de diffuser cette énergie dans notre corps pour briller de l'intérieur.

La chlorophylle purifie le sang et renforce le système immunitaire : elle augmente le nombre de globules rouges et favorise ainsi la diffusion de l'oxygène dans le corps.

Elle aide la digestion, soutient le foie et nettoie le colon. Elle permet également de régler le taux de calcium dans le corps.

Plus un aliment est vert, plus il est gorgé de chlorophylle : par exemple, les épinards, les herbes fraîches ou la spiruline.

30 g de graines de chanvre • 1 branche de céleri • Le jus d'1 citron • 1 gousse d'ail • 1 datte dénoyautée • 1 c. à soupe de tahini (ou purée de sésame) • 1 c. à soupe de levure de bière • 1 c. à café de miso • 1 c. à soupe d'algue dulse • 1 c. à soupe d'huile d'olive • Sel, poivre noir

En option, pour un rendu plus crémeux : *¼ avocat*

En option, pour la puissance : *1 pincée de poivre de Cayenne*

Pelez et hachez l'ail. En option : épluchez et coupez l'avocat en morceaux. Mettez tous les ingrédients dans un blender, et mixez jusqu'à l'obtention d'une préparation crémeuse. Salez, poivrez selon votre goût.

Pesto au chanvre

Le goût discret des graines de chanvre leur permet de compléter n'importe quel plat, qu'il soit salé ou sucré, ce qui en fait un très bon ingrédient pour concocter des accompagnements.

Pour 1 portion

50 g de graines de chanvre • 2 grosses poignées d'herbes de saison au choix (persil, menthe, basilic…) • 1 poignée d'épinards • 1 c. à soupe de levure de bière • 3 c. à soupe d'huile d'olive • Le jus d'1 citron • 1 gousse d'ail • 1 c. à café de vinaigre de cidre • Sel, poivre

Pelez et coupez l'ail. Mélangez tous les ingrédients dans un blender. Ajoutez une

♥ Best Friend Food : le chanvre

Le chanvre est une des meilleures sources de protéines végétales. La protéine présente dans le chanvre est facilement digérée et rapidement absorbée par le corps, ce qui en fait un aliment parfait pour les sportifs.

Le chanvre apporte des acides gras essentiels comme les Oméga-3 et 6, de la manière la plus équilibrée qui soit. L'huile de chanvre est une source d'acides gras poly-insaturés (AGPI), qui contribuent au bon fonctionnement du système cardio-vasculaire. Et il contient de l'acide gamma-linolénique (l'AGL), difficile à trouver. Tous ces acides gras essentiels rendent le chanvre énergisant et anti-inflammatoire. Ajoutez à ça qu'il est une bonne source de glucides et de fibres, de chlorophylle, ainsi que de vitamines et de minéraux (A, B1, B3, B5, D et E, fer, magnésium). 1 ou 2 cuillerées de graines de chanvre saupoudrées au dernier moment rendent n'importe quel plat plus croustillant.

pincée de sel et de poivre et mélangez avant de servir.

Ce pesto peut aussi se consommer en tartinade sur des crackers ou en sauce pour tremper des chips (de légumes !).

Sauce tomate

Cette recette est idéale l'été avec de belles tomates de saison gorgées de sucre et de saveurs, mais les tomates étant désormais faciles à trouver en tous temps, elle est à votre portée toute l'année !

Pour 1 portion
*1 grosse tomate • 3 tomates séchées • 1 datte dénoyautée • 1 gousse d'ail
• 1 c. à soupe de basilic frais (ou ½ c. à café de basilic sec) • 1 c. à café d'origan
• 1 c. à café de vinaigre de cidre (ou de jus de citron) • 1 c. à soupe d'huile d'olive • Sel, poivre*

Faites tremper séparément la datte et les tomates séchées 5 minutes dans l'eau chaude pour les ramollir.

Pelez et coupez l'ail en petits morceaux, puis mixez tous les ingrédients dans un blender, mais pas jusqu'au bout : laissez quelques morceaux de tomates pour un petit côté *chunky* (croustillant). Salez, poivrez selon votre goût.

Cette sauce est aussi idéale en garniture de pizza, ou encore en soupe d'été tout simplement en ajoutant de l'eau.

LA TOMATE : AUSSI BELLE QUE BONNE

Vive la tomate ! Pauvre en calories et riche en eau, la tomate hydrate le corps, surtout lorsqu'elle est consommée crue. En revanche, cuite, elle devient plus riche en lycopène, substance qui lui donne sa couleur rouge et qui est un antioxydant très puissant. Et quelle que soit sa forme, elle constitue une très bonne source en vitamines C et B (dont l'acide folique), en caroténoïdes, en minéraux, en oligo-éléments et en fibres.

Ketchup

Pour 1 portion

1 grosse tomate fraîche • 4 tomates séchées • 1 datte dénoyautée • 2 c. à soupe d'huile d'olive • 1 c. à café de vinaigre de cidre • Sel

Faites tremper la datte 5 minutes dans l'eau chaude pour la ramollir. Faites aussi tremper les tomates séchées dans de l'eau claire pendant une demi-heure pour les réhydrater légèrement. Coupez la tomate fraîche en petits dés.

Mélangez tous les ingrédients dans un blender avec 1 pincée de sel, jusqu'à obtenir une préparation homogène et lisse. Ce ketchup est parfait pour accompagner un burger de millet et des frites de légumes.

POUR NAPPER VOS DESSERTS

Pour : gâteaux, desserts aux fruits, céréales granola, yaourts, fruits, glaces…

Sauce « caramel »

Pour 1 portion

4 dattes dénoyautées • 50 ml de lait d'amande (page 22) • 1 c. à café de vanille • 1 c. à soupe de caroube du Pérou • 2 c. à soupe d'huile de coco • Le jus de ½ citron • Sel

En option, pour le goût et l'apport nutritionnel : *1 c. à café de poudre de lucuma*

Faites tremper les dattes 5 minutes dans l'eau chaude pour les ramollir. Mélangez tous les ingrédients dans un blender, avec 1 pincée de sel. Rajoutez un peu de lait d'amande ou d'eau pour l'affiner si besoin, la sauce ne doit pas être trop épaisse.

LA CAROUBE DU PÉROU : UN MIRACLE DU DÉSERT

La caroube du Pérou est riche en protéines, en fibres, en calcium, phosphore, fer et vitamines A et B. Elle est très douce pour les intestins et l'estomac. C'est un superfood énergétique qui régule le transit et permet une absorption équilibrée des lipides et des glucides.

C'est un de mes superfoods préférés car elle se marie avec presque tout. Son goût est assez neutre mais tend vers le caramel. Elle sert à épaissir les sauces ou les smoothies, à sucrer naturellement et à mettre en valeur des superfoods plus puissants comme le cacao ou le maca.

Coulis de fruits rouges et baies de goji

Pour 1 portion

50 g de fruits rouges au choix • 1 c. à soupe de baies de goji et quelques unes en plus pour garnir • Le jus et le zeste de ½ citron

En option : *½ c. à café de poudre de maca*

Mixez tous les ingrédients dans un blender. Avant de servir, ajoutez quelques baies de goji sur votre préparation nappée de coulis.

LA BAIE DE GOJI : HAPPY BERRY

La baie de goji est un superfood extraordinaire. Surnommée happy berry (la baie du bonheur), cette baie rouge rend naturellement de bonne humeur. Elle est riche en nutriments et contient beaucoup de vitamines C et B, du bêta-carotène et d'innombrables oligo-éléments. C'est une source complète de protéines avec 18 sortes d'acides aminés dont les 8 acides aminés essentiels.

La baie de goji est un adaptogène, ce qui signifie qu'elle s'adapte à chaque organisme dans lequel elle est digérée. Elle a la texture du raisin sec et ajoute une touche de sucré – et de couleur – aux plats. Consommée sèche, elle peut être un peu difficile à digérer alors je vous conseille de plonger vos baies 30 secondes dans l'eau chaude, avant de les consommer pour qu'elles soient bien moelleuses. Allez, *let's go*(ji) !

Crème anglaise, ou presque

Pour 1 portion

4 c. à soupe de noix de macadamia • 1 c. à soupe de miel • ½ c. à café de vanille en poudre • Un peu de jus de citron • 2 c. à soupe d'eau

Faites tremper les noix de macadamia dans l'eau chaude pendant 10 minutes, pour bien les ramollir. Mixez tous les ingrédients dans un blender, avec juste quelques gouttes de jus de citron. Puis ajoutez l'eau et mixez à nouveau jusqu'à obtenir une crème un peu épaisse. Vous pouvez choisir la consistance de votre crème en ajoutant plus ou moins d'eau.

PURÉES ET POUDRES

Pour : beaucoup, beaucoup de choses !

À partir d'un seul ingrédient, vous pouvez fabriquer toute seule et très facilement des préparations très utiles dans la cuisine green (et traditionnelle !). Souvent on n'y pense pas, on se dit que c'est plus simple d'aller les acheter toutes faites. Mais puisque c'est si simple de les faire soi-même, pourquoi s'en priver ? Vous serez surprise de voir combien elles seront meilleures…

Purée d'amande ou de noix

Pour 1 portion

Comptez environ 100 g d'amandes ou de noix pour 50 g de purée.

Torréfiez les amandes sur une plaque au four pendant 5-7 minutes à 180 °C ou bien à la poêle pendant 2-3 minutes à feu moyen ; mélangez de temps en temps pour éviter que ça ne brûle. Mixez ensuite les amandes dans un robot culinaire jusqu'à obtenir la consistance d'une purée. Arrêtez, mélangez à la cuillère, mixez, arrêtez, mélangez à la cuillère, mixez… Il faudra mettre un peu d'huile de coude pour obtenir le résultat souhaité ! Si la préparation est trop épaisse, vous pouvez rajouter quelques gouttes d'huile végétale ou d'eau.

Amandes ou noix en poudre

Pour 1 portion

Comptez environ 50 g d'amandes ou de noix pour 50 g de poudre.

Broyez les amandes dans un moulin ou blender, jusqu'à obtenir une poudre, en deux temps trois mouvements !

♥ Best Friend Food : les amandes

Les amandes apportent des acides gras mono-insaturés, des protéines végétales, des fibres solubles et beaucoup de vitamines et de minéraux. Les amandes sont bonnes pour la peau (vitamine E !), et aident contre les maux de tête et les migraines (magnésium !). Les amandes sont anti-inflammatoires et moins allergisantes que les cacahuètes.

PRÉPARER LES NOIX, GRAINES, FRUITS ET LÉGUMES SECS

Les graines et légumineuses

Dans un bol, couvrez d'eau à température ambiante les graines ou légumineuses. Pour le quinoa et le millet, rajoutez un peu d'eau citronnée. Laissez l'ensemble sur le plan de travail à température ambiante. En été, vous pouvez le mettre au frigo.

Laissez tremper, puis rincez bien. Si vous mangez souvent des légumineuses ou si vous avez des problèmes de digestion, je vous conseille un trempage de plusieurs heures…

Pour un repas plus digeste, changez l'eau 1 ou 2 fois et ajoutez une feuille d'algue kombu pendant la cuisson des légumineuses. Assurez-vous que les légumineuses sont bien cuites avant de servir car d'une fois à l'autre, le temps nécessaire peut varier.

Oh no ! Vous avez envie d'un gros bol de houmous mais vous avez oublié de faire tremper vos pois chiches ? Ne paniquez pas ! J'ai la solution !

Dans une marmite, rajoutez assez d'eau pour couvrir les légumineuses d'environ 5 cm puis portez à ébullition et laissez bouillir pendant environ 2 minutes. Retirez la marmite du feu et laissez reposer pendant 1 heure (avec en option, de l'algue kombu), puis rincez bien et faites cuire.

> ### ♥ Best Friend Food : le quinoa
>
> Le quinoa, c'est ma céréale préférée. Sauf que ce n'est pas une céréale, mais une graine ! *I love* quinoa pour sa haute teneur en protéines, pour ses fibres, pour son équilibre en acides gras et Oméga-3, pour ses vitamines E et B, pour son potassium, son magnésium, son fer…
>
> C'est une protéine complète qui contient tous les acides aminés essentiels dont le corps a besoin. Il est riche en magnésium, gorgé de glucides et de fibres, mais pauvre en lipides. Sans gluten, il offre une très bonne alternative à de nombreux plats qui normalement en contiennent : le risotto, les galettes ou les gâteaux.
>
> C'est un maître du déguisement, ce quinoa. D'ailleurs il peut se transformer facilement en plats très différents, chauds ou froids, à consommer tout au long de la journée.

GRAINES

	poids sec d'une portion	trempage avant cuisson	eau de cuisson (avec trempage)
quinoa	40 g	12 h dans de l'eau citronnée	ferme : 1 vol d'eau tendre : 1,5 vol d'eau
millet	40 g	12 h dans l'eau citronnée puis égouttez, faites revenir 2 ou 3 minutes, ajoutez l'eau et couvrez.	ferme : 2 vol d'eau tendre : 2,5 vol d'eau
riz sauvage	40 g		4 vol d'eau
sarrasin	40 g		
amarante			2,5 vol d'eau
riz complet	40 g		2 vol d'eau

LÉGUMINEUSES

	poids sec d'une portion	trempage avant cuisson	eau de cuisson (avec trempage)
pois chiches	50 g	10 à 12 h	4 vol d'eau
haricots noirs	50 g	8 à 12 h (l'eau va devenir noire, *don't be scared !*)	3 vol d'eau
haricots blancs	50 g	8 à 12 h	3 vol d'eau
adzuki et haricots mungo	50 g	4 à 6 h	2,5 vol d'eau
lentilles vertes	50 g	4 h	2 vol d'eau
lentilles corail	50 g		
haricots rouges	50 g	8 à 12 h	3 vol d'eau
pois cassés	50 g		

eau de cuisson (sans trempage)	cuisson avec trempage	cuisson sans trempage	repos après cuisson
ferme : 1,5 vol d'eau	ferme : 5 à 10 min	ferme : 10 à 12 min	ferme : 5 min
tendre : 2 vol d'eau	tendre : 10 à 15 min	tendre : 15 min	tendre : 5 min
ferme : 2,5 vol d'eau	ferme : 15 min	ferme : 20 min	
tendre : 3 vol d'eau	tendre : 20 min	tendre : 25 min	
		45 min à 1 h	5 min
2 vol d'eau		15 min	10 min
		20 min	
2,5 vol d'eau	20 min	30 min	20 min
	1 à 2 h		
	1 à 1 h 30		
	1 à 1 h 30		
3 vol d'eau	25 min	40 min	
2 vol d'eau		10 min	
	1 h 30		
3 vol d'eau		45 mn à 1 h (plus pour une soupe)	

Les oléagineux et noix

Les graines oléagineuses, et notamment les noix, sont un peu comme nous, les femmes : elles aiment se faire du bien. Et elles sont au top de leur forme après un bon bain !

Les oléagineux sont bien des *best friend foods* car ils regorgent de bienfaits, en plus d'être délicieux et très utiles en cuisine green… C'est pourquoi je les utilise très souvent. Mais ils contiennent des inhibiteurs d'enzymes qui peuvent interférer avec la digestion et perturber la capacité du corps à absorber les nutriments.

La solution ? Leur faire une bonne toilette et les plonger dans l'eau… pendant des heures si possible.

Quand on fait tremper les graines et les noix, on fait disparaître les inhibiteurs d'enzymes, ce qui les rend plus faciles à digérer et à assimiler. Cela permet également de profiter au mieux de tout ce qu'elles peuvent nous apporter : les inhibiteurs préservent la force vitale des oléagineux On peut dire que les graines et les noix sont dormantes. Et dès qu'on les débarrasse de leurs inhibiteurs, elles deviennent « vivantes », leurs nutriments se multiplient, et les vitamines et minéraux peuvent être mieux absorbés par le corps.

amandes et noisettes	12 h
noix de pécan	de 2 à 8 h
graines de tournesol	4 h
graines de courge	4 h
noix (de Grenoble, du Périgord… les noix, quoi !)	de 2 à 8 h
sésame décortiqué	de 4 à 12 h

Trempez dans une eau à température ambiante, filtrée de préférence. Rincez à l'eau claire après trempage.

Bon, ces durées sont des durées idéales mais pas obligatoires ! 5 heures sont toujours mieux que rien, et si parfois vous n'avez pas le temps… Et bien, ce sera moins, mais vous aurez une texture différente, moins tendre, et ce sera moins digeste : à éviter de façon trop régulière.

Les noix du Brésil, noix de cajou, noix de macadamia, graines de chanvre, pignons de pin, pistaches n'ont pas besoin de trempage, car ils ne contiennent pas d'inhibiteurs d'enzymes.

Par contre pour tous les laits végétaux ou les préparations crémeuses vous pouvez les faire tremper dès la veille ou pendant quelques heures. Sinon, pour « tricher » : 5 minutes dans de l'eau chaude (mais pas bouillante !). Ils doivent devenir mous.

Les dattes

Les dattes sont très présentes dans mes recettes, car elles permettent de sucrer ou de donner une saveur parfumée à un plat, et leur chair contribue à rendre une texture crémeuse... à condition d'être trempées avant ! Les dattes que l'on trouve dans le commerce sont souvent trop sèches, et mieux vaut les « attendrir » un peu avant de les cuisiner.

Durée de trempage conseillée : 5 minutes dans de l'eau chaude (mais pas bouillante !). Laissez le noyau. Rincez à l'eau claire après trempage. Dénoyautez.

Si ou quand vous le pouvez, privilégiez la datte medjool : une variété qui est pour moi la plus riche en goût, et la plus tendre en texture. Avec elle, pas besoin de faire trempette, ça fond tout seul.

green juice

crème de chia

détox

granola

Good morning!

Pour bien démarrer la journée

Energy yoga

Pour bien démarrer la journée, rien de mieux qu'une séance de yoga au saut du lit. On va faire un enchaînement appelé la « salutation au soleil » pour tonifier et revitaliser le corps. C'est une bonne manière de commencer sa journée avec plein de peps, ou de retrouver de l'énergie à n'importe quel moment. On a même le droit de le faire… sans soleil – oui oui, par une journée pluvieuse, c'est perfect *aussi : même quand il se cache, le soleil est toujours là !*

1. COMMENCEZ EN POSITION DEBOUT, puis faites Samasthiti 1 , mettez les mains « en prière » contre la poitrine. Inspirez, et levez les bras vers le ciel pour étirer votre corps le plus possible pour Urdhya Hastasana ou la posture des mains vers le haut 2 . En expirant, penchez-vous et posez les mains au sol – ou si vous n'y parvenez pas sur vos pieds ou chevilles – pour Uttanasana, la pince debout 3 .

2. AVEC LES MAINS SUR LE SOL, en inspirant, mettez la jambe droite en arrière, en gardant la jambe gauche pliée entre les mains, courbez le dos et basculez la tête en arrière, en tâchant de garder l'équilibre les mains soit sur le sol soit en l'air, comme vous le sentez : c'est Anjaneyasana ou la fente basse 4 . En expirant, ramenez la jambe gauche à côté de la jambe droite, et en inspirant passez en Adha Mukha Svanasana, posture du chien la tête en bas 5 , fesses vers le ciel, corps en équerre, talons et paumes au sol, la tête vers le bas entre les bras tendus, regardant les genoux.

3. EXPIREZ ET ALLONGEZ-VOUS, en descendant lentement sur le sol jusqu'à ce que les côtes le touchent 6 . Inspirez et poussez sur les bras pour élever le bassin, courbez le dos et basculez la tête en arrière, pour faire Urdhva Mukha Svanasana, la posture du chien la tête en haut 7 .

4. REVENEZ AU SOL EN EXPIRANT, puis repassez en position de Adha Mukha Svanasana ⑧. Inspirez et redescendez le bassin vers le sol, mettez le pied droit entre vos mains, jambe droite pliée, et la jambe gauche en arrière, en tâchant de garder l'équilibre encore une fois en Anjaneyasana ⑨, les mains soit sur le sol soit en l'air, comme vous le sentez.

5. EXPIREZ LONGUEMENT et ramenez le pied gauche vers le droit, entre les mains, tendez les jambes en gardant les mains au sol – ou sur les genoux ou les chevilles – et baissez la tête pour Uttanasana ⑩. Inspirez et redressez-vous doucement, jusqu'à être parfaitement debout, bras levés vers le ciel pour étirer tout le corps pour Urdhya Hastasana ⑪. Expirez et revenez à la posture de départ, Samasthiti ⑫, les mains « en prière » contre la poitrine.

Faites ce cycle 4 fois environ, en alternant jambe gauche et droite, et en allant à chaque fois soit plus vite pour plus d'énergie, soit plus lentement si vous êtes fatiguée et cherchez juste à bouger un peu votre corps – comme on dit, *anything goes* ! (tout est bon !), il faut juste écouter son corps et agir en fonction. Si vous êtes fatiguée et essayez d'aller trop vite, vous serez encore plus fatiguée, alors ne le brusquez pas.

Achevez votre série en vous relaxant. Cela va permettre au corps et à l'âme de se reposer, pour stocker l'énergie et la dépenser plus tard quand le besoin se fera sentir. *Have a nice day !*

APPRIVOISEZ LE RÉVEIL

Oui, le petit-déjeuner, c'est la base, le premier repas de la journée à ne surtout pas rater. Aux États-Unis, le *breakfast*, c'est sacré. Même si en France, on petit-déjeune souvent vite fait, aux États-Unis, rien n'est « petit » dans le petit-déjeuner. On avale du *french toast* (même si rien n'est *french* dans ce toast), des pancakes, des céréales, du porridge, des muffins, des omelettes, du bacon, des gaufres, des saucissons, des galettes de pomme de terre : et oui, tout ça dès le matin !

LE PLUS IMPORTANT DES REPAS

On dit que « le *breakfast* c'est le repas le plus important de la journée ». C'est vrai, mais « plus important » ne veut pas dire « plus lourd ». Au contraire, le matin, il faut gentiment réveiller le système digestif après sa nuit de sommeil et ne pas l'attaquer agressivement tout d'un coup. Il ne faut pas le surprendre sinon il va être en colère tout le reste de la journée et on ne veut surtout pas de ça ! On le réveille gentiment et on le nourrit bien car on est très occupée, on a beaucoup de choses à faire aujourd'hui et il nous faut beaucoup d'énergie, n'est-ce pas ?

Bon, d'accord, si vraiment vous n'êtes pas matinale, vous pouvez toujours préparer votre petit-déjeuner la veille : mettez un green smoothie, un pudding au chia ou des flocons d'avoine au lait végétal dans le frigo, et basta, c'est prêt quand vous vous levez le matin ! Et au moins votre corps aura eu le carburant nécessaire pour affronter ce qui l'attend.

MENU DU PETIT-DÉJEUNER GREEN

En semaine : version speed

1. J'avale un jus de citron et épices, ou un simple jus de citron dans une tasse d'eau chaude, au saut du lit.

2. Je vais prendre ma douche, m'habiller, me pomponner, m'occuper des enfants… bref, je laisse 15 minutes à mon corps pour assimiler la boisson détox.

3. J'avale un grand verre de green smoothie (que j'aurai éventuellement préparé la veille si vraiment je suis très pressée), saupoudré de quelques granola au choix ou de pollen d'abeilles.

Le week-end : version zen

1. J'avale un jus de citron et épices, au saut du lit.

2. Je me prélasse pendant ½ heure.

3. J'avale un jus à l'aloe vera.

4. J'avale un grand verre de green juice.

5. J'attends 15 à 30 minutes.

6. Je déguste une mousse au pollen d'abeilles ou des granola avec un lait végétal ou une crème au chia.

LES SUPERFOODS

Vos alliés du matin !

Les *superfoods* (superaliments) doivent certainement constituer l'alimentation de base de Superman : super en bienfaits pour la santé mais aussi super en goût, ils sont super-nourrissants, superprotéinés, supervitaminés, et nous donnent la confiance et l'énergie d'être des super-héros tous les jours dans nos vies quotidiennes. Je ne conseille pas le port de la cape, mais si vous avez envie, *why not* ?

Les superfoods sont à la fois des aliments et des médicaments. Ils sont très riches et très concentrés en nutriments, ce qui permet d'en savourer les bienfaits avec de toutes petites quantités. Comme pour Superman, les superfoods donnent...

– une super-force grâce aux superaliments riches en protéines comme la spiruline ou la chlorelle,

– une super-vitesse grâce à l'énergie naturelle donnée par le maca ou le cacao,

– une invulnérabilité à toute épreuve grâce aux bienfaits pour le système immunitaire de l'açaï, de l'aloe vera ou l'acérola,

– une super-énergie avec les baies de goji, le maca ou le cacao,

– et même une super-vision (peut-être pas une vision laser mais on ne sait jamais, tout peut arriver dans la vie) grâce à l'aguayamanto qui fortifie le nerf optique...

Les superfoods nourrissent tous les organes du corps et, consommés pendant longtemps, ils aident à renforcer le système immunitaire et à corriger des déséquilibres internes. Et je précise, les superaliments sont bien des aliments. Ici, on ne parle pas de pilule, de médicament, ni de compléments alimentaires. Ils poussent dans la terre ou sur les arbres, ils sont les enfants de Mère Nature, et ils sont tellement bons !

Alors le matin, ayez le réflexe superfoods : saupoudrez-en sur votre petit-déjeuner ou boisson du matin, ou préparez-vous un bol qui en met à l'honneur. Vous attaquerez votre journée tel Clark Kent enfilant ses habits de Superman !

LES DÉCOCTIONS DÉTOX DU MATIN

Une fois n'est pas coutume, on commence par les liquides : car c'est la première chose qui doit rentrer dans votre gosier au réveil. Le solide, c'est dans un deuxième temps, et ce n'est même pas toujours nécessaire !

MON ALLIÉ NUMÉRO 1 : LE CITRON

When life gives you lemons, make lemonade… Cette expression américaine, que l'on peut traduire par « quand la vie te donne des citrons, fais un citron pressé », signifie que lorsque quelque chose de mauvais nous arrive dans la vie, il faut trouver un moyen de le tourner à son avantage et en tirer du positif. Mais moi ce que je préfère, c'est prendre la phrase au sens littéral : alors quand la vie m'envoie des citrons, et bien… je fais un citron pressé !

Jus de citron et épices

POUR 1 PERSONNE

1 petit citron jaune • environ 250 ml d'eau chaude (pas trop bouillante !)

Épices

1 pincée de poivre de Cayenne moulu • 1 petit morceau de gingembre frais (ou 1 pincée de gingembre en poudre) • 1 pincée de cannelle en poudre • 1 pincée de curcuma en poudre

En option, pour le sucrer, au choix

1 pincée de cannelle en poudre • 1 pincée de stevia • 1 c. à café de miel

Mettez les épices et le produit sucrant, en option, dans un verre, puis pressez le citron et versez le jus dessus, suivi de l'eau chaude. Mélangez.

Vous pouvez aussi profiter des bienfaits du jus de citron en version hyper simple, sans les épices. Moins puissant mais toujours très stimulant.

MON ALLIÉ NUMÉRO 2 : L'ALOE VERA

Cette plante, plus souvent consommée en produit de beauté qu'en boisson, aide le corps… dedans et dehors ! Car l'aloe vera est un superfood vraiment super. Ses feuilles sont gorgées de nutriments, minéraux, vitamines, acides aminés et enzymes actifs. Elle stimule les défenses immunitaires, facilite la cicatrisation, élimine les toxines, soulage les crampes d'estomac, améliore la coagulation du sang, apaise les ulcères ou les intestins enflammés, et fait briller la peau. Mais ce n'est pas une découverte : Cléopâtre, déjà, l'utilisait et les Mayas (bon, après leurs calculs sur la fin du monde, on a tendance à moins les écouter, mais ils n'avaient pas tort sur tout…) l'appelaient la « fontaine de jouvence ». Hippocrate lui-même en saluait les vertus thérapeutiques. Alors *hello* à l'aloe et *bye-bye* aux problèmes de santé !

Jus à l'aloe vera

Pour 1 personne

50 ml de gel d'aloe vera • 50 ml d'eau

Versez le gel dans un verre. Ajoutez-y l'eau froide. Mélangez jusqu'à obtenir un liquide homogène.

Si vous souhaitez l'agrémenter, vous pouvez consommer votre boisson avec quelques fruits trempés ou associée à un jus, mais cette décoction sera plus efficace au naturel, dégustée le ventre vide, au saut du lit. Puis attendez quelques minutes avant de prendre votre petit-déjeuner.

Jus 100 % home made

Pour 6 à 10 portions

1 feuille d'aloe vera de taille moyenne • 200 ml d'eau

Coupez les extrémités de la feuille, et récupérez la substance claire et épaisse qu'elle contient : c'est le gel. Mettez-le dans un blender avec l'eau et mixez pour bien mélanger les deux substances.

La préparation se garde plusieurs jours au frais ; vous pouvez ainsi y prélever les 50 ml nécessaires pour votre boisson du matin.

GREEN SMOOTHIE ET GREEN JUICE

Attention. Vous êtes bien assise ? Car je vais changer votre vie : désormais, vous allez boire des légumes crus. Vous avez certainement entendu parler de la nouvelle tendance du green smoothie : le smoothie vert… Pourquoi cette nouvelle obsession pour quelques épinards dans un blender ?

LE GREEN SMOOTHIE

Le green smoothie est un mélange de fruits et de légumes crus, frais, mixés pour en obtenir un jus encore plus épais qu'une soupe. Le green smoothie a un goût plus sucré que salé. Le secret, c'est d'équilibrer les fruits et les légumes, de varier les textures, et d'ajouter des petites touches de saveurs avec des épices ou autres parfums.

Côté légumes, le green smoothie privilégie ceux qui sont verts, les plus riches en micronutriments. Ils sont une source de fibres, de minéraux, de vitamines, de protéines, d'antioxydants et de chlorophylle, et aident à oxygéner le corps et la peau, à renforcer l'immunité et à éliminer les toxines. Mais vous pouvez aussi mettre des légumes d'autres couleurs.

Mixer les légumes verts crus permet aux nutriments d'être déjà prédigérés et donc plus facilement assimilables par le corps. Les nutriments se trouvent sur les parois des cellules des plantes ; il faut casser ces murs pour les libérer. Tous avec moi : « Libérons les nutriments ! »

Le green smoothie, c'est un art : on peut le peaufiner avec l'expérience. Il y a mille et une façons d'en faire, des centaines de combinaisons possibles.

Tout en douceur

Au début, avaler un grand verre de green smoothie le matin, ça va surprendre un peu vos papilles et votre système digestif. Aussi, mieux vaut commencer lentement : de petites quantités de légumes, et beaucoup de fruits ; et simplement : avec peu de variétés.

Par exemple, débutez avec une feuille d'épinard, puis une demi-poignée, puis une poignée entière, jusqu'à ce que vous trouviez la quantité qui vous va. Par ailleurs, ne mettez dans un premier temps que des fruits et légumes, puis rajoutez dans un deuxième temps des épices, des superfoods, des laits végétaux ou des fruits exotiques.

Pour changer d'habitudes alimentaires, mieux vaut la stratégie de la tortue que celle du lièvre !

Ma recette favorite

Pour 1 personne

150 ml d'eau de coco, de lait d'amande ou d'eau • ¼ d'avocat • 1 poignée d'épinards • 3 grandes feuilles de romaine • ½ à 1 banane • 1 pomme, ou ½ poire et ½ pomme • Le jus d'1 citron • 1 petit morceau de gingembre • 1 c. à café de vanille en poudre

En option, pour sucrer
1 datte dénoyautée

En option, pour un boost d'énergie
¼ c. à café de poudre de maca • ou 1 c. à soupe de graines de chia • ou ½ c. à café de poudre de matcha

Épluchez et coupez l'avocat et la banane en morceaux. Coupez la pomme, bien lavée, sans son cœur mais avec la peau, en morceaux. Épluchez et hachez le gingembre.

En option : faites tremper la datte 5 minutes dans l'eau chaude pour la ramollir.

Mettez l'eau et les légumes verts dans le blender, puis mixez une première fois. Ajoutez les autres ingrédients et mixez le tout jusqu'à ce que la préparation soit lisse. Pour un smoothie moins épais, ajoutez peu à peu davantage de liquide.

LE GREEN JUICE

POIGNÉES D'AMOUR : MESURER LES LÉGUMES EN CUISINE GREEN

Dans le monde des green smoothies et des green juices, on mesure les légumes en « poignées ». C'est quoi une poignée d'épinards ? Avec mes mains ou celles d'un rugbyman ? Comment faire correctement ?

D'abord, oubliez le mot « correctement », *please*. Il n'y a pas de règles. Prenons nos vies – et nos smoothies – en main ! Une poignée de légumes verts, c'est l'équivalent d'une tasse, soit environ 30 à 40 g d'épinards ou de légumes verts plus légers ou environ 50 à 60 g de légumes verts un peu plus « costauds » comme le kale ou le brocoli. Mais nos « poignées » peuvent être plus grandes ou plus petites selon l'envie ! Allez, *let's go* : invitez un rugbyman chez vous et régalez-vous !

Au premier abord, la différence entre le jus vert et le smoothie vert ne saute pas aux yeux. Alors, *what's up* ? C'est quoi qui change ?

Un smoothie, c'est épais comme un milk-shake, un jus, c'est fluide comme de l'eau. D'ailleurs, si le premier se prépare au blender, le second passe par une centrifugeuse. De plus, il n'y a pas de fibres dans le green juice, ce qui facilite encore plus son assimilation. Le jus vert, c'est comme une injection de vitamines directement dans le sang. Enfin, si le green smoothie peut constituer un repas en soi, le green juice, lui, ne vous rassasiera pas à lui tout seul.

Les 4 secrets du green juice

1. Pour faire un green juice, on n'épluche rien, c'est la centrifugeuse qui fait tout le boulot !

2. Si on n'a pas de centrifugeuse, on peut aussi mixer les ingrédients dans un blender puis verser le mélange dans une passoire ou un sac à lait végétal pour extraire le jus.

3. Les épices fraîches s'ajoutent avant de passer à la centrifugeuse, les épices sèches et en poudre s'ajoutent après.

4. Mieux vaut boire votre green juice le ventre vide au saut du lit, pour profiter au maximum de ses bienfaits. Attendez un bon quart d'heure pour prendre votre petit-déjeuner.

Ma recette favorite

Pour 1 personne

1 poignée de légumes verts • 1 concombre • 1 carotte • 1 pomme • 1 petit morceau de gingembre • 1 citron • 1 branche de céleri

Mettez tous les ingrédients dans une centrifugeuse.

Farandole de smoothies

1. Je choisis mes ingrédients,
2. Je nettoie et prépare mes ingrédients
(je garde quand c'est possible la peau des fruits et légumes),
3. Je jette tout dans mon blender. Je mixe,
4. Je savoure.

Smoothie marron 150 ml d'eau, 1 c. à soupe de poudre de cacao, 1 c. à café de poudre de caroube du Pérou, 2 c. à soupe de noix du Brésil, 1 datte dénoyautée, 1 pincée de cannelle

Smoothie orange 150 ml de jus d'orange, 2 carottes de taille moyenne, 1 banane, 1 c. à soupe d'huile de coco, 1 petit morceau de gingembre frais, ½ c. à café de zeste d'orange, quelques pincées de curcuma

Smoothie bleu 150 ml d'eau, 2 c. à soupe de graines de chanvre, 100 g de myrtilles, 1 c. à café de poudre d'açai, 1 pincée de vanille

Smoothie vert n°1 100 ml d'eau, 2 c. à soupe de tahini, ½ banane, 1 pincée de poudre de vanille, 1 datte dénoyautée, 1 c. à café de poudre de matcha

smoothie marron

smoothie orange ↙

smoothie vert

smoothie bleu ↙

Smoothie vert n°2 150 ml d'eau, 3 c. à soupe de noix du Brésil, 1 datte dénoyautée, 1 c. à café de poudre de spiruline, ½ avocat, ½ c. à café de poudre de maca, 1 c. à café de poudre de caroube du Pérou

Smoothie rose 150 ml de jus de pomme, 100 g de fraises, ½ betterave, 1 petit morceau de gingembre frais

Smoothie jaune 100 ml de lait de coco, 1 banane, 1 pincée de vanille, 1 pincée de cannelle, 100 g d'ananas

Smoothie blanc 200 ml d'eau, 1 pomme épluchée, 1 petit morceau de gingembre frais, 1 banane, 1 pincée de poudre de maca, 1 pincée de purée d'amande blanche (ou de purée de noix de cajou)

Smoothie noir 50 ml de lait de coco, 2 c. à soupe de purée de sésame noir, le jus d'1 orange, 1 datte dénoyautée

Smoothie violet 200 ml de lait de coco, 1 c. à café de poudre d'açai, 1 datte dénoyautée, 2 c. à café de poudre de cacao, 1 pincée de poudre de vanille, 1 c. à soupe de menthe fraîche, 1 c. à café d'amandes, 1 c. à soupe d'huile de coco

> *Pour les recettes de smoothies à base de noix et amandes : trempez celles-ci 5 minutes dans l'eau chaude, pour les ramollir avant de les mixer avec les autres ingrédients.*

Festival de green juices

À tomber dans les pommes 1 poignée de légumes verts au choix, 1 concombre, 1 branche de céleri, 1 pomme verte, 1 morceau de gingembre

Le green juice 1 romaine, 1 concombre, 3 grosses carottes, 1 bulbe de fenouil, 2 branches de céleri, 1 poignée d'épinards, le jus d'1 citron, 1 petit morceau de gingembre (environ ½ c. à soupe), 1 c. à café de persil

La reine du bal 5 carottes, 1 pomme, 1 petit morceau de gingembre (selon votre goût)

Bonne poire 1 poire, 1 betterave, 50 g d'ananas, 1 morceau de gingembre

Bonne poire

Le green juice

Tomber dans les pommes

La reine du bal

Spicy Juice 1 citron vert, 1 citron jaune, 1 poignée de coriandre fraîche, 1 branche de céleri, 1 (gros) concombre, 1 pincée de sel, 1 pincée de poivre de Cayenne

Mister Vegetables 2 carottes, 1 grosse poignée d'épinards, 2 branches de céleri, 1 c. à soupe de persil

Beauty Juice 3 carottes, 1 concombre, ½ pomme, 1 poignée de feuilles de romaine, 1 poignée d'épinards

Agrumiamiam 1 orange, 1 pamplemousse, 1 petit morceau de gingembre, 1 citron jaune, 1 pincée de poivre de Cayenne, 1 petit morceau de curcuma frais, ou 1 pincée de curcuma en poudre

> ### ♥ Best Friend Food : le citron
>
> Le citron est la meilleure manière de commencer la journée. Il aide à détoxifier les reins et contribue à l'équilibre acido-basique du corps. Riche en vitamine C et potassium, il aide à renforcer le système immunitaire. Diurétique naturel, il facilite l'élimination des toxines. Il facilite aussi la digestion et l'hydratation du corps, plus encore quand il est associé à l'eau chaude.
>
> Avec un petit verre tous les matins, votre peau, vos reins et vos hormones vous diront merci.

Mister Vegetables

Agrumiamiam

Spicy Juice

Beauty Juice
(pour une peau éclatante
de santé !)

Morning buzz

Pour 1 personne

1 banane • 1 pomme • 1 petit morceau de gingembre frais (selon votre goût) • Le jus d'1 citron • 1 c. à soupe de flocons de noix de coco • 2 c. à soupe d'amandes épluchées (ou de purée d'amande, page 36) • 1 pincée généreuse de cannelle • 1 c. à soupe de pollen d'abeilles frais

En option, pour un petit boost

¼ c. à café de poudre de maca

Épluchez et coupez la banane et la pomme. Épluchez et coupez le gingembre. Mettez tous les ingrédients sauf le pollen d'abeilles dans un blender ou robot culinaire jusqu'à obtenir une préparation crémeuse. Mettez-la dans un bol, puis saupoudrez avec le pollen d'abeilles.

Si vous n'en avez jamais mangé, vérifiez d'abord que vous n'êtes pas allergiques et commencez lentement avec quelques grains de pollen, puis mettez ½ cuillerée à café et continuez jusqu'à 1 cuillerée à soupe.

Si vous avez besoin d'un petit boost d'énergie le matin ou en mi-journée, vous pouvez en prendre directement à la cuillère. Le pollen rend encore plus puissants les nutriments dans les fruits alors vous pouvez aussi en mettre 1 cuillerée dans votre smoothie ou bol de fruits matinal. Trop bon !

LE POLLEN D'ABEILLES : MAGIC WHOLE FOOD !

Le pollen d'abeilles est un *whole food*, ou aliment complet, qui a tout ce dont le corps a besoin pour bien fonctionner. Le pollen est ultra-riche en protéines (20 % !), et contient des hydrates de carbone, des vitamines, des minéraux et des oligo-éléments. C'est une source d'énergie naturelle qui aide à la croissance du système nerveux grâce à sa forte teneur en vitamines A et B. C'est un aliment magique pour donner de l'énergie, de la force et de la bonne humeur, surtout aux personnes déprimées, fatiguées ou surmenées.

Crème au chia

Crème au chia toute simple

Pour 1 personne

150 ml de lait d'amande (page 22) • 2 c. à soupe de graines de chia • ¼ c. à café de poudre de vanille • ¼ c. à café de cannelle • 1 datte dénoyautée

Mettez les graines de chia dans un bol.

Mélangez tous les autres ingrédients dans un blender ou shaker, puis versez sur les graines de chia. Mélangez bien avec une cuillère.

Laissez gonfler au moins 20 minutes jusqu'à ce que les graines absorbent tout le liquide, puis mélangez à nouveau. Si vous laissez attendre davantage, ajoutez du lait d'amande ou de l'eau avant de consommer pour avoir la consistance que vous préférez.

Servez dans une verrine. C'est délicieux accompagné de granola ou de fruits !

Chia variations

La préparation reste la même, seuls quelques ingrédients changent ou viennent s'ajouter !

Énerchia Remplacez le lait d'amande par du lait de chanvre (page 23) et ajoutez à votre préparation ¼ c. à café de poudre de maca et 1 c. à café de poudre de caroube du Pérou

Chocochia Remplacez le lait d'amande par du lait de noix du Brésil(page 23) et ajoutez à votre préparation 1 c. à café de poudre de caroube du Pérou • 1 c. à soupe de poudre de cacao et pincée de poivre de Cayenne

Les céréales du matin

Le granola green, glam et gourmand

Pour 4 à 6 portions

200 g de flocons d'avoine ou 100 % sans gluten (flocons de sarrasin, de quinoa ou de riz) • 50 g d'amandes • 50 g de raisins secs • 60 g de flocons de noix de coco séchés • ¼ c. à café de sel • 4 c. à soupe de miel ou de sirop d'érable • 4 c. à soupe d'huile de coco liquide • ½ c. à café de cannelle • ½ c. à café de poudre de vanille

En option, pour booster les omega 3

30 g de graines de lin moulues

Faites des éclats d'amandes. Mélangez dans un grand bol tous les autres ingrédients, sauf les amandes et les raisins secs.

Étalez le contenu du bol sur une plaque allant au four : faites cuire à 100 °C pendant 15 minutes, puis mélangez à nouveau. Ajoutez les amandes et les raisins secs. Faites cuire à nouveau 5 minutes, puis mélangez… Et ainsi de suite, jusqu'à ce que ce soit croustillant, à votre convenance.

Vous pouvez déguster ces céréales trempées dans un lait végétal de votre choix (pages 22-23) ou encore telles quelles, saupoudrées sur vos smoothies, yaourts ou salades de fruits.

Selon la température ambiante, l'huile de coco est liquide ou solide : il suffit de la tiédir légèrement pour la liquéfier.

Granola au sarrasin

Faites tremper les graines de sarrasin la veille ou au moins 8 heures dans de l'eau claire. Puis, rincez-les et mettez-les soit :

– sur une plaque pour le déshydrateur : faites déshydrater environ 8 heures, ou jusqu'à ce qu'elles soient croustillantes et à votre goût.

– sur une plaque allant au four : faites cuire à 50 °C pendant 4 heures, ou jusqu'à ce qu'elles soient croustillantes à votre convenance.

Version hypersimple

100 g de graines de sarrasin

Version haut de gamme

100 g de graines de sarrasin • 50 g de graines ou noix au choix • (tournesol, courge, amandes, pécans, noix, etc.) • 50 g de fruits secs au choix (raisins secs, figues, dattes, pruneaux, etc.) • 40 g de flocons de noix de coco • 1 c. à café de cannelle en poudre • 1 c. à soupe de sirop d'érable ou de miel • ½ c. à café de cardamome en poudre • ½ c. à café de noix de muscade râpée • 1 c. à soupe d'huile de coco liquide • Sel

Attention : ce granola avec un yaourt coco (page 180) est sublimissime.

LE DÉSHYDRATEUR

Les recettes de granola au sarrasin sont meilleures au déshydrateur, qui permet de faire cuire les aliments à très basse température, pour en préserver les nutriments. Grand allié de la cuisine crue, le déshydrateur permet de faire beaucoup de recettes. Tout le monde n'a pas cet appareil, mais ne vous en faites pas, la cuisson au four est très bonne également.

Mes céréales préférées

Bol de cookies

50 g de granola au choix • 1 c. à café généreuse de pépites de cacao • 1 c. à café de poudre de caroube du Pérou (ou de lucuma)

Versez le lait sur le ranola et saupoudrez de pépites de cacao. Pour accompagner ces céréales, je vous conseille le lait de noix.

Morning au miel

30 g de granola au choix • 30 g de quinoa soufflé, en magasin bio • 1 c. à café de miel

Mélangez les granola et le sarrasin soufflé, versez le lait, puis ajoutez le miel.

Crème-de-la-crème des céréales

30 g de granola au choix • 2 c. à soupe de flakes de sarrasin (ou de maïs en magasin bio) • 1 c. à soupe de noix de cajou • 50 ml d'eau • ¼ c. à café de poudre de vanille

Faites tremper les noix 5 minutes dans l'eau chaude pour les ramollir, puis mixez-les avec un peu d'eau et de poudre de vanille dans un blender jusqu'à ce que vous ayez une sauce liquide. Versez-la sur les *flakes* de sarrasin ou de maïs et mélangez, puis rajoutez le granola et mélangez le tout dans un bol. Versez le lait. Pour accompagner ces céréales, je vous conseille le lait d'amande.

Granola « chocolatté »

30 g de granola au choix • 2 c. à soupe de flakes de sarrasin • 1 c. à café de poudre de cacao • 1 c. à café d'huile de coco liquide.

Mélangez la poudre de cacao avec l'huile jusqu'à obtenir une sauce liquide. Versez la sauce sur les flocons, puis laissez refroidir pendant quelques minutes pour que le chocolat devienne plus ferme. Mélangez le tout avec les *flakes* de sarrasin. Versez le lait. Pour accompagner ces céréales, je vous conseille le lait de noix.

Gorgeous granola

50 g de granola au choix • 1 c. à soupe de raisins secs • 1 datte dénoyautée • 1 c. à café de baies de goji • 100 g de fruits frais au choix (kiwi, fraises, framboises, myrtilles, etc.)

Coupez la datte en petits dés. Coupez les fruits frais. Mélangez les fruits secs avec le granola, puis versez votre lait végétal au choix dans le bol, et finissez avec les fruits frais au choix.

Beauty tips du Dr Hauschka

by Claudine Reinhard

Bon, je n'ai pas pu mettre toute la Maison dans ce livre, mais Claudine Reinhard, fondatrice de l'endroit, a répondu à mon invitation et vous souffle ses secrets de beauté à la mode du Dr Hauschka, pour une peau qui brille et un visage radieux.

L'Homme et la Nature sont intimement liés, et donc interdépendants et soumis aux mêmes rythmes gérés par le jour et la nuit : le chaud et le froid, la lumière et l'obscurité, l'activité et le repos.

Pour aider la peau à conserver ou retrouver son équilibre naturel, trois étapes le matin sont indispensables, et deux pour le soir.

Le matin

Le matin, le renouvellement cellulaire fonctionne au minimum. Le métabolisme se concentre en priorité sur les muscles et le cœur, aussi l'approvisionnement de la peau en oxygène et en nutriments est à son niveau le plus bas. En conséquence, le nettoyage doit être doux et la protection optimale.

Nettoyez votre visage avec une crème purifiante pour stimuler l'auto-nettoyage en profondeur, sans altérer le manteau protecteur de la peau.
Appliquez une lotion de base ou un produit intensif aqueux, pour stimuler le processus d'hydratation et les fonctions cutanées en général.
Appliquez un soin du jour adapté à votre peau pour la protéger des influences du climat et de la pollution, et harmoniser le film hydrolipidique.

Le soir

Pendant la journée, la peau fonctionne comme un système de défense contre les influences de l'environnement. La nuit, c'est donc la phase de régénération qui prédomine et qu'il faut soutenir.

Démaquillez votre visage et nettoyez-le avec une crème purifiante.
Appliquez une lotion de base ou un produit intensif aqueux.
Ne mettez pas de crème de nuit ! La nuit, le système immunitaire fonctionne à plein régime. Les germes et les agents pathogènes sont chassés de l'organisme. Les risques d'inflammation sont au plus haut. Jusqu'à 4 heures du matin les cellules se divisent huit fois plus vite qu'à un autre moment ! C'est pour ces raisons qu'il est important que les processus métaboliques nocturnes ne soient pas entravés par des préparations grasses.

Claudine Reinhard *est la présidente de Wala France et créatrice de la Maison Dr Hauschka.*

La Maison Dr Hauschka, nichée dans le 11e arrondissement de Paris, est plus qu'un centre de soin : c'est un espace de vie et de plaisir green, dédié à la beauté et au plaisir de s'occuper de soi. Un lieu où l'on se fait du bien, un lieu où l'on se sent bien, un lieu qu'on aimerait terriblement emporter dans son sac pour le garder toujours avec soi.

La Maison Dr Haushcka – *39 rue de Charonne 75011 Paris*
Tel. : +33 (0)1 43 55 40 55 – www.lamaisondrhauschka.fr

Printemps

Le printemps, c'est la Positive period, où tout est possible, le temps de la régénération et de la reconstruction : après avoir lutté contre les multiples agressions de l'hiver (froid, obscurité, virus en tous genres...), les organismes peuvent enfin se reposer. Et se requinquer ! Le printemps, c'est une saison transitionnelle, pendant laquelle le corps et l'esprit ont besoin de faire peau neuve pour repartir du bon pied : avant de pouvoir savourer les plaisirs de l'été, il faut commencer par se libérer des toxines accumulées pendant l'hiver. Voilà pourquoi c'est la détox period, où on se débarrasse du trop et du superflu, où on répare et soulage un corps fatigué.

Le printemps, c'est la saison du réveil des saveurs. Les fruits, légumes, herbes et autres végétaux sont plus nombreux, plus variés, plus colorés, plus sucrés. I love it ! Un véritable arc-en-ciel de goûts et de santé dans mon assiette ! Oui, j'ai toujours adoré les fruits et légumes du printemps. Après plusieurs mois de courges, de patates et de poireaux, la fraîcheur des premiers petits pois, la légèreté des premières asperges ou la douceur des premières fraises, c'est comme une bouchée de plaisir venue tout droit du paradis.

Ça y est, j'ai la fièvre du printemps et j'ai faim ! Et vous ?

Ma playlist pour renaître au printemps

I Can see clearly now JIMMY CLIFF
Shake It Out FLORENCE & THE MACHINE
Change Your Mind SISTER HAZEL
I Believe BLESSID UNION OF SOULS
Brand new Day STING
Break the Shell INDIA ARIE
Breathe Again SARA BAREILLES
Under the Bridge RED HOT CHILI PEPPERS
The World I know COLLECTIVE SOUL
Anything Could Happen ELLIE GOULDING

Les aliments de saison

Les petits pois	Les fèves
Les fraises	Les épinards
Les asperges	L'artichaut
L'ail nouveau	Le citron
Les oignons nouveaux	Le kiwi
Les radis	Les carottes

Respirer

Quand le premier soleil et la première pluie de printemps arrivent, l'énergie peu à peu revient, on respire mieux, on reprend des forces. Et tout ça, ça fait du bien, beaucoup de bien, au moral.

La détox

Pour vous, « détox » ça veut dire quoi ? Ne pas boire une goutte d'alcool pendant trois semaines, après avoir un peu trop fait la fête ? Ne rien avaler hormis des jus et bouillons sans goût, pour pouvoir rentrer dans votre bikini l'été prochain ? *Okay*, on va reprendre les bases.

En fait, la détox, c'est simple : il faut vider le corps de ce qui ne va pas, pour accueillir ce qui va vous nourrir, physiquement et émotionnellement. Mais vider ne veut pas dire purger à l'extrême ! Il s'agit surtout de mieux manger, d'alléger ses repas et d'opter pour des aliments adaptés aux circonstances. Bien sûr, des sessions extraordinaires radicales sont possibles, mais une détox sera plus efficace dans la durée, peu à peu, chaque jour. Le printemps dure trois mois, ça vous laisse donc un trimestre entier pour vous épurer de l'intérieur !

Selon la médecine chinoise, le printemps, c'est la saison du foie et de la vésicule biliaire, les deux organes en jeu dans la détox. Le foie contribue à ce que le « Qi », l'énergie vitale, se déplace facilement en chacun de nous, et contribue donc à notre harmonie intérieure. Pour la médecine chinoise – comme pour l'ayurvéda, d'origine indienne – la santé c'est l'équilibre : si le corps et l'esprit sont en équilibre, tout va bien ; lorsque l'on est malade, cela signifie qu'il y a un déséquilibre quelque part. Alors au printemps, on va travailler à retrouver un équilibre dans le système digestif. Quand le foie fonctionne bien, l'activité physique et émotionnelle fonctionne bien. Lui permettre de se régénérer à cette saison, c'est en faire un allié solide pour le reste de l'année.

Détox yoga

by Mika de Brito

Mika de Brito, c'est l'égérie du yoga glamour en France. Mika a créé le fameux Yogalab, le yoga en immersion sonore avec Marco Prince, et organise des événements festifs et des retraites yogiques. Formé en Jivamukti (yoga très dynamique et physique, mais aussi spirituel) à New York, Mika a l'esprit positif et l'énergie de la Big Apple. Ses cours sont des « montagnes russes émotionnelles », capables de libérer le corps de nos toxines physiques et affectives.

www.mika-yoga.fr

Rien n'est mieux qu'un corps sain dans un esprit sain... Mais il ne faut néanmoins pas voir de manière négative les toxines qui nous traversent ! Elles font partie d'un processus naturel : à chaque fois que nous utilisons nos muscles par exemple, nous produisons des déchets et notre corps doit les évacuer. Le mieux, en termes de détox, est d'inscrire des gestes dans notre vie quotidienne...
Je conseille un *vinyasa*, un enchaînement dynamique de postures et de séquences placées dans un ordre spécifique, à un rythme soutenu, avec pour conclure une bonne relaxation.
Prenez de bonnes habitudes, apprenez à respirer, à vous détendre, à dormir véritablement ! Et entretenez jour après jour une pensée positive par jour : c'est aussi ça une détox !

1. NAULI

Il s'agit d'un « barattage » de l'estomac qui favorise le « feu intestinal », la digestion des aliments, mais aussi, la façon dont nous « digérons » les expériences de la vie.

Les mains sur les genoux, essayez de faire rentrer votre ventre en apnée, vide, et de retenir le nombril le plus à l'intérieur possible, pendant une minute (sans forcer pour les novices). Faites évidemment cet exercice à jeun ! Je vous conseille de le pratiquer de manière régulière, voire tous les matins.

2. TATRAKA

Asseyez-vous en lotus (ou jambes croisées) et fixez une bougie. Attendez que vos yeux commencent à pleurer un peu et arrêtez.

3. ET 4. UTTKATASANA AVEC UN TWIST

Dans un vinyasa, certaines postures sont des torsions, des inversions que l'on pourrait conseiller pour la détox car elles favorisent la circulation lymphatique. Parmi elles, Uttkatasana avec un twist, la posture de la chaise avec un twist.

En Tadasana (debout, les bras tombants), pliez les genoux et tendez les bras vers le ciel : inspirez, expirez 3 . Mettez les mains « en prière » devant vous et faites un twist pour poser le coude droit sur le genou gauche 4 . Restez 5 respirations et faites la même chose de l'autre côté.

Conseil : quand vous venez poser le coude gauche sur le genou droit ou vice versa, les paumes sont l'une contre l'autre, les avants bras alignés, et les genoux sont pliés comme dans la posture de la chaise.

Il est important de préserver le bas du dos, le bassin, la région pelvienne lorsque vous effectuez des torsions. D'ailleurs il ne s'agit pas de « s'enrouler dans la posture » et de vous comprimer physiquement lorsque vous faites les twists, mais plutôt de continuer d'étirer la colonne et d'ouvrir l'espace entre les épaules et les oreilles. La pression du coude contre le genou opposé vous aidera à contracter les muscles abdominaux naturellement !

5. SARVANGASANA

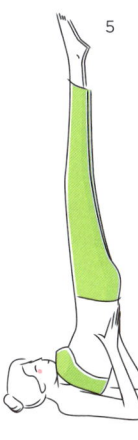

Sarvangasana, ou la posture sur les épaules, est appelée la « mère des asanas ». Elle est bénéfique pour toutes les parties du corps.

Allongez-vous au sol et soulevez les deux jambes pour qu'elles fassent un angle droit avec le corps et soient verticales. Mettez les mains sous le dos et laissez tout le poids du corps reposer sur les épaules, avec les coudes au sol. Restez dans cette position pendant environ 30 secondes au début puis essayez de la prolonger peu à peu pour arriver à la tenir 2 ou 3 minutes.

Déconseillée en cas de migraines, de grossesse, de menstruations et juste après un repas. Si cette posture vous met mal à l'aise, faites plutôt Adha Mukha Svanasana (page 108). C'est l'une des postures les plus abordables où le cœur est au-dessus de la tête.

6. SAVASANA

C'est la posture dite du cadavre : allongez-vous sur le dos et restez immobile, les bras le long du corps, les paumes des mains vers le ciel pour que les épaules reposent bien au sol. Relâchez le front, les mâchoires, les yeux ; relâchez la langue aussi, qui s'articule à chaque pensée que l'on a. À chaque inspiration, le corps est un peu plus léger, débarrassé de ses contraintes. À chaque expiration, sentez le poids du corps dans le sol. On n'entend l'air ni entrer ni sortir, l'esprit est calme ! Souvent, on a l'esprit encombré… par la volonté de ne pas penser. Essayez de ne penser vraiment à rien, restez juste immobile et observez ce silence. Chut… !

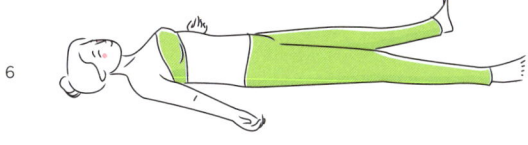

Purée de petits pois à la menthe

Pour 1 personne
100 g de petits pois • 2 c. à soupe de tahini • Le jus et le zeste d'1 citron ♥ • 1 gousse d'ail • 1 pincée de cumin en poudre • 2 c. à soupe de menthe fraîche • Sel et poivre

Pelez et tranchez l'ail. Écossez les petits pois puis faites-les cuire à la vapeur : attention, pas plus d'1 minute ! Les légumes al dente conservent toutes leurs vertus, et j'aime bien leur croquant. Après, c'est à vous de voir comment vous les préférez...

Mettez-les immédiatement sous l'eau froide pour arrêter la cuisson.

Mixez avec les autres ingrédients dans un robot culinaire puissant et mélangez jusqu'à obtenir une préparation lisse. Salez, poivrez selon votre goût.

Conseil Pour obtenir une consistance plus *chunky* (croustillante), mettez quelques petits pois de côté sans les mixer, puis mélangez-les à votre purée avant de servir.

LES PETITS POIS : PETITS... MAIS COSTAUDS !

Les petits pois contiennent plus de protéines végétales que la plupart des autres légumes. Ils sont riches en antioxydants et en phyto-nutriments mais pauvres en matières grasses. Ils contribuent à réguler le sucre dans le sang grâce à leur forte teneur en fibres et en protéines, et offrent tout un tas de vitamines (B, C, A, K) et de minéraux, dont le potassium, le phosphore, le magnésium, le calcium, le fer, le zinc, le cuivre, le manganèse et le sélénium. Et oui, tout ça dans des petites boules vertes !

Houmous au poivron rouge

Pour un grand bol

150 g de pois chiches • 1 poivron rouge • 2 tomates séchées • 1 gousse d'ail • Le zeste et le jus d'1 citron • 2 c. à soupe de tahini • ½ c. à café de cumin en poudre • 2 c. à soupe d'huile d'olive • Poivre (de Cayenne de préférence)

Préchauffez votre four à 200 °C. Faites cuire les pois chiches. Pelez et hachez l'ail. Nettoyez le poivron de sa membrane blanche et de ses graines.

Déposez le poivron au centre d'une plaque : faites-le rôtir 30 minutes environ, jusqu'à ce qu'il soit tendre, la peau ridée et noircie.

En cours de cuisson, retournez le poivron pour que tous les côtés soient cuits. Retirez-le du four, couvrez et laissez-le « transpirer » pendant 15 minutes. Enlevez la peau et coupez le poivron en morceaux.

Mixez alors les pois chiches, le poivron et tous les autres ingrédients, jusqu'à l'obtention d'une consistance lisse et crémeuse. Poivrez selon votre goût.

LES POIS CHICHES : PETITES BILLES, GRANDES PROTÉINES

Les pois chiches constituent une très bonne source de protéines et de fibres végétales, pleines de vitamines et de minéraux. Leur faible indice glycémique, leur teneur en tryptophane et leur capacité à diminuer le taux de mauvais cholestérol dans le sang, en font de précieux alliés pour la santé.

Salade spa de chou kale

Pour 1 personne

2 grosses poignées de feuilles de chou kale • ½ avocat ♥ • 1 tomate moyenne (ou 1 poignée de tomates cerise) • ½ c. à soupe d'huile d'olive • ½ c. à soupe d'huile de chanvre ♥ (ou de lin) • Le jus d'1 petit citron ♥ • 1 c. à soupe de graines de chanvre ♥ • Sel et poivre

Épluchez et coupez l'avocat en petits dés. Mettez les feuilles de kale dans un bol, puis ajouter le jus de citron, les huiles, et un peu de sel et poivre. Massez le kale quelques minutes, puis ajoutez l'avocat et la tomate.

Astuce Et non mes amies, je ne plaisante pas : le kale a besoin d'un bon massage pour accepter de se faire dévorer ! Surtout quand on le consomme cru : ça le rend lisse et délicieux. Donc allez-y franchement, avant de le cuisiner, caressez-le, pétrissez-le, malaxez-le, jusqu'à ce qu'il commence à se détendre et à réduire en volume. En quelques minutes, il sera tellement zen que vous pourrez en faire tout ce que vous voulez. Alors, n'hésitez plus : *get down and dirty !* Non, ça je ne le traduis pas, c'est mal poli en français !

LE KALE : QUEEN OF GREENS

Le kale a plusieurs noms en France : le chou frisé, le chou plume, le chou borécole, le chou vert demi-nain, le chou à lapins ou encore les feuilles de chou… Aux États-Unis : le kale, c'est le légume du moment. Et il mérite bien sa couronne ! Il est très, très riche, plus que les autres choux : en protéines, en vitamines (K, C, A), en minéraux et surtout, en nutriments.

Le kale est un allié du système immunitaire et donne de l'énergie grâce à sa forte teneur en magnésium et en potassium. Riche en fibres, il contribue à ralentir le passage du glucose dans le sang et donc à diminuer la glycémie. Il aide aussi à lutter contre le mauvais cholestérol.

Chips de chou kale

Pour 2 personnes, ou un grand bol à grignoter

2 grosses poignées de feuilles de chou kale • 2 c. à soupe de levure de bière • 3 c. à soupe d'huile d'olive • 1 gousse d'ail • Sel

En option, pour une version spicy

2 pincées de poivre de Cayenne

Pelez et hachez l'ail. Tranchez les feuilles de kale en lanières. Dans un bol, mélangez les feuilles avec les autres ingrédients et 1 pincée de sel. Massez le kale, en l'imbibant bien avec le reste.

DEUX CUISSONS POSSIBLES

Version salon de bronzage, au four : préchauffez le four à 150 °C, déposez les lanières de kale sur une plaque, et laissez cuire 12 minutes. Retournez-les et laissez cuire encore 5 minutes. Il faut que les chips soient *crispy* (croustillantes), mais encore vertes. Ne les laissez surtout pas brûler !

Version sauna, au déshydrateur : à 40 °C pendant 8 à 12 heures.

Conseil N'hésitez pas à en préparer de grandes quantités : ces chips se conservent longtemps, à température ambiante, dans un sachet bien fermé.

Ravioles crues de betterave et veggie cheese

Pour 1 personne
1 betterave de taille moyenne • 1 poignée de roquette • 1 c. à soupe d'huile d'olive • 3 ou 4 c. à soupe de veggie cheese *aux herbes (page 23-24)*

En option
1 c. à soupe d'huile de truffe • Sel et poivre

Épluchez la betterave, puis coupez-la en tranches très fines (à la mandoline de préférence). Laissez-les tremper dans un peu d'huile d'olive pendant au minimum une dizaine de minutes, afin de les ramollir.

Mixez tous les ingrédients du *veggie cheese* aux herbes avec 1 pincée de sel.

Tartinez du *veggie cheese* sur une tranche de betterave, puis couvrez-la avec une autre tranche afin de faire un sandwich.

Dans un bol ou une assiette, disposez une poignée de roquette, puis environ 4 ou 5 « ravioles » par portion. Finissez en ajoutant en filet l'huile d'olive et l'huile de truffe, salez et poivrez à votre goût.

Variantes au fil des saisons Ravioles de butternut en automne. Ravioles de courgette en été. Ravioles de navets en hiver

LA BETTERAVE : UNE RACINE COULEUR LIPSTICK

La betterave facilite l'élimination des toxines grâce à sa forte teneur en méthionine. Elle est également riche en bétanine ce qui stimule la dégradation des acides gras dans le foie. Crue ou cuite à la vapeur, la betterave est succulente et ajoute un petit goût sucré et coloré à vos plats ou jus, surtout pendant une période de « détox » ou on déconseille de manger trop de sucre.

Si vous remarquez que vos urines deviennent rouges après avoir mangé les betteraves, ne paniquez pas ! Ce phénomène vient des bétalaïnes qui sont absorbés par l'intestin, et ne présente pas de danger pour la santé. Ouf !

Spring salad au fenouil

Pour 1 personne

1 bulbe de fenouil • 1 carotte ♥ • ½ tête de chou rouge • 1 avocat ♥ • 2 grosses poignées de mesclun • 1 c. à soupe de dulse ♥, une algue sympa ! • 1 c. à soupe de ciboulette hachée

Pour la sauce moutarde-miso

Le jus et le zeste d'1 citron ♥ • 2 c. à café de moutarde de Dijon • 1 c. à soupe de miel (ou de sirop d'érable) • 1 c. à soupe de miso ♥ • 1 c. à soupe de levure de bière • 1 c. à soupe d'huile d'olive • Sel et poivre

Mixez tous les ingrédients de la sauce moutarde-miso dans un blender. Salez, poivrez à votre goût.

Nettoyez et coupez le fenouil et le chou rouge en fines tranches. Épluchez et râpez la carotte. Épluchez et tranchez l'avocat.

Nappez les crudités de sauce, mélangez et laissez reposer quelques minutes. Puis ajoutez le mesclun, la ciboulette et l'algue. Mélangez une dernière fois.

Conseil Avec la cuisine green, vous allez de plus en plus utiliser le citron. Pour vous habituer progressivement à son acidité, n'hésitez pas, au départ, à en mettre beaucoup moins que moi !

LE FENOUIL : NOTRE ALLIÉ SECRET !

Le fenouil est pauvre en calories mais riche en fibres et en vitamines (C, A, E, mais aussi B9, utile pour renforcer le système immunitaire). Le fenouil apporte du calcium, du magnésium, du potassium et du fer, et agit contre les virus et inflammations. Enfin, il favorise la digestion, équilibre les intestins, et aide à lutter contre les flatulences, la diarrhée ou la constipation. *Okay,* c'est pas glamour tout ça, flatulences, diarrhée... On n'a même pas envie de dire le mot, mais on est quand même super-contentes de savoir qu'on peut lutter en toute discrétion grâce à notre nouveau meilleur ami.

Millet magnifique

Pour 1 personne

50 g de millet • 4 pointes d'asperges (vertes ou blanches, selon l'envie) • 50 g de petits pois • 2 carottes ♥ • 5 petits radis roses • 1 poignée de pousses d'épinards • 1 poignée de feuilles de moutarde (et / ou de pissenlit) • 1 gousse d'ail nouveau • 20 g d'oignons nouveaux • Le jus d'1 citron ♥ • 1 c. à soupe d'huile de coco • 1 c. à soupe d'huile d'olive • Sel et poivre

En option, pour le goût

1 c. à soupe de levure de bière • 1 c. de vinaigre de cidre

Si vous avez le temps, mettez à tremper le millet la veille dans un saladier plein d'eau. Faites toaster les graines de millet égouttées dans une casserole pendant 2 ou 3 minutes, puis rajoutez de l'eau : si vous avez fait tremper le millet, mettez un vol. d'eau pour un vol. de millet, mais sinon, 1,5 vol. d'eau pour 1 vol. de millet.

Couvrez et faites cuire à feu doux pendant 15 minutes si vous avez fait tremper le millet, ou 20 minutes sans trempage. Laissez à couvert hors du feu pendant 5 minutes de plus.

Coupez les asperges en petits dés. Pelez et coupez l'ail et les oignons en petits dés. Dans une poêle chaude, passez l'ail et les oignons à l'huile de coco pendant 2 minutes à feu moyen.

LE MILLET : C'EST PAS QU'POUR LES OISEAUX !

Comme le quinoa, le millet est une graine aux allures de céréales, parfaite pour remplacer les pâtes ou le blé traditionnels. Elle se digère très bien car elle est sans gluten et sans allergène. Elle est aussi une bonne source en hydrates de carbone, protéines, vitamines B1, B2, B5, A et C, calcium, potassium, magnésium, sodium, fluor, silice… Ok, je m'arrête. Au fait : le silice renforce les ongles, les cheveux et la peau, ce qui fait du millet un *beauty food*. C'est toujours bon à prendre !

Le millet au naturel n'a pas un goût très marqué, mais il est parfait pour mettre en valeur les légumes et les sauces qui l'accompagnent.

Ajoutez les asperges, les épinards et les petits pois et faites cuire encore 2 ou 3 minutes, pour qu'ils soient tendres, mais toujours un peu croquants, puis sortez la poêle du feu. Mélangez le millet avec le reste des ingrédients dans la poêle.

Avant de servir, ajoutez l'huile d'olive et le jus de citron avec, en option, le vinaigre de cidre et/ou la levure de bière. Salez, poivrez selon votre goût.

Variantes Ce bol de millet met en avant les légumes du printemps, mais il peut se décliner sur toutes les saisons, avec les légumes adaptés.

Velouté d'asperges blanches

Pour 1 personne
100 ml de bouillon de légumes • 40 g de haricots blancs • 6 asperges blanches • ½ bulbe de fenouil • 2 gousses d'ail • ½ c. à café d'herbes de Provence • 2 c. à soupe d'huile d'olive • Sel et poivre

En garniture
1 c. à soupe de graines germées au choix • 1 c. à café de basilic (et/ou de persil)

Faites cuire les haricots blancs selon les indications précisées page 37 ou, si vous les avez achetés en conserve précuits, rincez-les bien avant de les réchauffer.

Lavez les asperges et cassez-les, pour enlever la partie basse et garder uniquement les pointes. Faites cuire les pointes d'asperges à la vapeur 2 minutes, pas plus, juste pour les rendre un peu plus tendres. Coupez-les en petits morceaux. Nettoyez et coupez les bulbes de fenouil en morceaux. Cuisez-les à la vapeur 3 à 4 minutes. Pelez et hachez l'ail.

Mixez les asperges, les haricots et tous les autres ingrédients dans un blender et mélangez jusqu'à obtention d'une texture crémeuse. Salez, poivrez à votre goût. Avant de servir, garnissez avec les graines germées et les herbes.

LES ASPERGES : LE LÉGUME TAILLE MANNEQUIN

Les asperges naissent et meurent avec le printemps : on ne les trouve que d'avril à fin juin. Aliment détox, l'asperge est un diurétique, joli mot pour dire que ça vous donne envie d'aller au petit coin régulièrement. Elle a quelques vertus laxatives. En plus, petit cadeau de Mère Nature : les asperges sont des aphrodisiaques naturels, parfaits pour la saison des amours !

L'asperge blanche manque certes de chlorophylle, mais son profil nutritionnel est assez proche de sa green-cousine. Elle est riche en vitamines A et C, contient un peu de vitamine B, du potassium, du phosphore et des fibres. Comme elle n'aime pas la solitude, il faut la marier avec une sauce pour mieux la savourer. Privilégiez la cuisson à la vapeur, pour qu'elle reste tendre, elle est trop fragile pour être braisée ou poêlée.

Wrap me up !

Green wrap

Pour 1 personne
1 feuille de salade pour 1 wrap (ou 1 feuille de nori, ou 1 tortilla)

Pour la garniture
½ avocat ♥ • 1 carotte ♥ • Le jus de ½ citron vert • 1 pincée de cumin en poudre • 1 c. à soupe de graines de chanvre ♥ • 1 pincée de coriandre en poudre • 1 c. à café de poudre de spiruline ♥ • 1 c. à café d'huile de pépins de courge • Poivre

Épluchez et écrasez l'avocat avec une fourchette. Épluchez et râpez la carotte. Dans un récipient, mélangez-les bien avec les autres ingrédients. Poivrez à votre goût.

Lavez la feuille de salade et étalez-la sur une assiette. Nappez la feuille de garniture, roulez, c'est prêt !

Le pliage du wrap

Si vous utilisez une feuille de salade, et notamment de romaine, disposez la garniture au milieu de la feuille, parallèlement aux fibres blanches, roulez la feuille tout simplement, et repliez les deux extrémités. Si vous utilisez une feuille de nori ou une tortilla, coupez le wrap en deux, en biais, avant de le présenter.

LE CUMIN : UNE ÉPICE PLEINE DE RESSOURCES !

N'ayez pas peur, le cumin a une odeur très forte, mais il est vraiment bon pour la santé. Il est utile pour lutter contre les problèmes de sommeil ou de digestion, l'asthme, la nausée ou les problèmes au poumon. Le cumin renforce le système immunitaire et lutte contre les rhumes. Il est riche en fer et en antioxydants.

Wrap patate douce

Pour 1 personne
1 feuille de salade pour 1 wrap (ou 1 feuille de nori, ou 1 tortilla)

Pour la garniture
1 patate douce ♥ • 1 poignée d'épinards • ½ c. à café de ciboulette ciselée • 1 c. à soupe de beurre végétal au miso ♥ (page 26)

POUR FAIRE LA GARNITURE

Épluchez, coupez en morceaux puis faites cuire la patate douce à la vapeur pendant 7 à 10 minutes. Écrasez-la à la fourchette et mélangez avec les épinards, le beurre végétal et la ciboulette.

Lavez votre feuille de nori et étalez-la sur une assiette. Nappez la feuille de garniture, roulez, c'est prêt !

Suggestion La purée de patate douce associée au beurre au miso peut également se consommer « toute nue » en accompagnement d'un plat.

Wrap sucré-salé

Pour 1 personne
1 feuille de salade pour 1 wrap (ou 1 feuille de nori, ou 1 tortilla)

Pour la garniture
1 carotte ♥ • 2 c. à soupe de radis blanc • 1 c. à soupe de jeunes pousses de graines germées • ½ c. à café de ciboulette ciselée • 2 c. à soupe de purée d'amande ♥ (page 36) • 1 c. à café de miso ♥ • 1 c. à soupe de jus de citron

Épluchez et râpez la carotte. Râpez le radis blanc. Mélangez-les avec les autres ingrédients.

Lavez la feuille de salade et étalez-la sur une assiette. Nappez la feuille de la garniture, roulez, c'est prêt !

Carrot cake

Pour 1 personne
60 g de carottes ❤ • 30 g de noix ❤ • 30 g d'amandes ❤ • 25 g de raisins secs • 3 dattes dénoyautées • ¼ c. à café de cannelle en poudre • noix de muscade râpée ❤ • ¼ c. à café de gingembre en poudre ❤ • Sel

Pour le glaçage
30 g de noix de cajou ❤ • Le jus d'1 citron ❤ • 1 c. à soupe d'huile de coco ❤ • 1 datte dénoyautée • 1 pincée de vanille en poudre

Épluchez et râpez les carottes. Égouttez-les bien. Mixez les noix, amandes et dattes pour former une pâte. Incorporez la carotte râpée, les épices, les raisins secs et 1 pincée de sel. Mélangez le tout à la main.

Placez la pâte ainsi formée dans des petits moules à muffins (ou formez simplement de petits gâteaux à l'aide de cercles de pâtisseries).

Pour le glaçage, trempez la datte 5 minutes dans l'eau chaude pour la ramollir, puis mixez-la avec le reste des ingrédients pour obtenir une préparation lisse. Ajoutez un peu d'eau pour la rendre plus fluide si besoin. Recouvrez les gâteaux du glaçage à l'aide d'une spatule, puis mettez-les au frigo pendant 1 heure.

❤ Best Friend Food : la carotte

La carotte est un légume très, très riche… en nutriments. C'est un bijou du monde végétal à 24 carats, ou plutôt caroténoïdes ! Les caroténoïdes, dont le bêta-carotène, la lutéine et le zéaxanthine, contiennent des antioxydants et nettoient le corps de l'intérieur. Elles contribuent à vous prémunir contre certaines maladies, notamment le cancer ou les maladies cardio-vasculaires. La carotte, bien sûr, est aussi une mine d'or en vitamines : A, B, E. Et pour couronner le tout, elle contribue à diminuer les risques de cataracte.

Quand on vous dit carotte, vous pensez orange ? Pas le fruit, banane, la couleur ! Un de vos personnages de romans de jeunesse, d'ailleurs, n'est-ce pas un petit roux qui s'appelle Poil de carotte ? Pourtant, sachez qu'elle s'habille aussi de violet, de jaune ou de blanc. Alors, variez de temps en temps !

Magic mousse chocolat-avocat

Pour 2 personnes

50 ml d'eau de coco ♥, de lait d'amande ♥ (page 22) ou d'eau • 1 gros avocat ♥ (ou 2 petits) • ½ c. à soupe généreuse de poudre de cacao • ¼ c. à café de cannelle en poudre • ¼ c. à café de vanille en poudre (ou une goutte d'extrait de vanille) • 1 datte dénoyautée • Sel (il renforce le goût du chocolat !)

En option

1 c. à café de poudre de caroube du Pérou

Épluchez et coupez l'avocat en morceaux. Faites tremper la datte 5 minutes dans de l'eau chaude pour la ramollir.

Mixez tous les ingrédients dans un blender, avec 1 pincée de sel, jusqu'à obtenir une préparation bien lisse.

Variantes Pour une mousse plus chocolatée, ajoutez 2 c. à café de pépites de cacao dans votre blender, puis saupoudrez la préparation de 2 autres cuillerées avant de servir. Pour en faire une boisson, il vous suffit d'ajouter plus de liquide.

LA VANILLE : UN PARFUM D'INNOCENCE

Très douce, elle accompagne les plats sucrés, mais aussi salés : une soupe au potiron, un risotto à la courge, dans une vinaigrette avec des betteraves rôties... La vanille préserve la jeunesse, elle est riche en antioxydants, vitamines et minéraux. Aphrodisiaque, anti-cancer, anti-déprime et sédative, la vanille est une alliée pour la santé *so sweet* !

RECETTE BEAUTÉ
Fabuleux chocolat

Masque cacao-miel

100 g de poudre de cacao ♥ • 2 c. à soupe de miel • 2 c. à soupe de porridge aux flocons d'avoine ou 2 c. à soupe de flocons d'avoine gonflés dans 4 c. d'eau chaude • 2 c. à café de levure chimique

Mélangez tous les ingrédients avec une cuillère jusqu'à obtenir une pâte. Appliquez le masque sur le visage en couche épaisse et laissez poser 20 minutes. Rincez abondamment à l'eau claire.

Bain moussant au chocolat

400 ml de lait d'amande ♥ (page 22) • 1 c. à soupe de miel • 3 c. à soupe de poudre de cacao ♥ • 2 c. à soupe de savon liquide naturel, sans odeur

Mélangez le lait d'amande, le miel et la poudre de cacao dans un blender ou un shaker (pour les plus musclées, ça marche aussi à l'aide d'une fourchette !).

Versez une moitié de la préparation dans un bol : ajoutez le savon liquide, mélangez puis versez dans un bain bien chaud pendant que l'eau coule.

Avec l'autre moitié de la préparation : chauffez à feu doux dans une casserole et… servez-vous une grande tasse ! À déguster dans votre bain de chocolat avec musique zen, bougies et bâtonnets d'encens.

Bienfaits Le cacao contient des antioxydants à l'effet anti-âge et antirides redoutable. Il booste également la circulation sanguine, et contribue à rendre la peau éclatante de santé.

Creamy cacao

Pour 1 pot
100 g de purée de noisette (page 36) • 2 c. à soupe de cacao en poudre ♥ • 1 c. à café de vanille en poudre

En option, pour sucrer
1 c. à café de sucre de coco ♥ (ou de miel)

À l'aide d'une cuillère, mélangez la purée de noisette, la poudre de cacao, la poudre de vanille et éventuellement le sucre de coco, jusqu'à obtenir une préparation homogène.

Conseils Pour tartiner des toasts ou des galettes de riz, mais aussi pour y tremper des fruits : fraises, bananes, pommes… Se conserve dans un pot fermé, pendant plusieurs jours… ou semaines, si vous ne mangez pas tout avant !

♥ Best Friend Food : le cacao

Et oui, mes amis, la *best* nouvelle de l'histoire du monde ? Le chocolat est bon pour la santé. Oui, c'est vrai, *true story* ! Le cacao fait partie de la famille des superfoods, et regorge de super-pouvoirs pour notre santé et notre beauté. Alors on ne va pas s'en priver !

Le cacao est riche en flavonoïdes, des antioxydants qui ont des effets bénéfiques sur la santé cardiovasculaire : ils favorisent la dilatation des vaisseaux sanguins (ce sont des vasodilatateurs), ce qui contribue à baisser la pression artérielle et à lutter contre les insuffisances cardiaques. Ils participent également à la lutte contre le mauvais cholestérol. On dit aussi qu'ils ont un effet bénéfique sur la mémoire et la concentration.

Le cacao contient du magnésium, un oligo-élément minéral considéré comme un antistress naturel. Et si le chocolat vous donne le sourire, ce serait en raison de sa concentration en théobromine, qui aurait selon de nombreuses études des conséquences positives sur l'humeur. C'est ça qu'on appelle le plaisir à l'état pur ! À consommer avec bonheur (et une certaine modération quand même) !

NY city cheesecake

Pour 2 petits gâteaux
1 portion de coulis de fruits rouges et de baies de goji (page 35)

Pour la pâte
50 g de noix de pécan ❤ • 3 dattes dénoyautées • 2 c. à soupe de noix de coco râpée ❤ • ½ c. à café de cannelle en poudre

Pour le cream cheese
50 g de noix de cajou ❤ • Le jus d'1 citron ❤ • 1 c. à soupe d'huile de coco ❤ • 1 datte dénoyautée • 1 pincée de vanille en poudre • Sel

Pour faire la pâte

Mixez les ingrédients et mélangez-les pour en faire une pâte. Mettez la pâte dans un moule préalablement « beurré » à l'huile de coco. Laissez reposer le temps de faire la crème.

Pour faire le cream cheese

Faites tremper la datte et les noix (séparément) 5 minutes dans l'eau chaude pour les ramollir. Faites chauffer l'huile de coco quelques secondes dans une poêle à feu moyen, pour la rendre liquide.

Mixez tous les ingrédients et 1 pincée de sel, jusqu'à obtenir une préparation lisse. Ajoutez un peu d'eau pour la rendre un peu plus fluide si besoin. Versez la *cream cheese* sur la pâte, puis laissez le moule au frais pendant quelques heures pour que ça durcisse. Avant de servir, nappez votre cheesecake de coulis.

Conseil Tout ce qui est green n'est pas forcément light ! Tous ces cheesecakes sont riches en goût, mais aussi en calories et gras (« bons », certes, mais gras quand même), alors contentez-vous d'une petite portion plutôt qu'une tranche de la taille NYC…

Été

Enfin l'été ! Selon la sagesse ayurvédique, l'été, c'est la saison de Pitta. Selon la médecine chinoise, c'est la saison du Yang. Et quel que soit le mot qu'elles emploient, toutes deux sont d'accord pour dire qu'en été, il fait chaud et qu'on a envie d'être plus cool, dans tous les sens du terme. Bon, d'accord, on n'a pas besoin d'être un grand maître zen pour savoir ça, mais on est contente de savoir que même les maîtres zen sont d'accord sur le sujet ! Alors, oui au plaisir et à la détente estivale, c'est vital !

Mais pour bien profiter, il faut bien s'hydrater. Eh oui, puisqu'il fait chaud, le corps a besoin d'eau : il vous faut boire beaucoup, bien sûr, mais aussi manger des aliments naturellement gorgés d'eau, et qui justement sont nombreux en été.

Car l'été, c'est la saison du green : les fruits et légumes se comptent par dizaines. Quel choix ! Quelle surabondance de couleurs, de parfums et de saveurs ! Alors, même si en cette période on peut se satisfaire de pas grand-chose pour se nourrir – non seulement la chaleur demande de la légèreté, mais de plus, après la détox du printemps, le corps s'est habitué à être privé du superflu –, cela ne signifie pas qu'il faut se contenter d'une pauvre salade de tomates au déjeuner et d'un bout de pastèque au goûter.

Ma playlist pour renaître en été

Brighter than the Sun COLBIE CAILLAT
Walking on Sunshine KATRINA & THE WAVES
Firework KATY PERRY
Sunshine Song JASON MRAZ
Get Lucky DAFT PUNK
Start me Up THE ROLLING STONES
Up all Night ONE DIRECTION
Long Time Sun SNATAM KAUR
La Vie en Rose EDITH PIAF
Beautiful Day JOSHUA RADIN

Les aliments de saison

Les cerises	Le melon
Les tomates	La pastèque
Le poivron rouge	Les figues
Le concombre	Les pêches
Le maïs	Les prunes
Le haricot vert	Les myrtilles
La courgette (verte et jaune !)	Les courgettes
L'aubergine	Les framboises

Rayonner

En cette période festive, on a envie d'exotisme, de voyages, de découvertes et de Plaisir puissance P : ça tombe bien, grâce à tous les produits qu'il offre, l'été est la saison idéale pour innover et créer des œuvres d'art dans son assiette !

Une eau pure à tout moment

Pour profiter d'une eau pure, à boire ou à mettre dans vos préparations, pensez à la filtrer ! Elle vous coûtera bien moins cher qu'en bouteille et sera même meilleure. Pour être 100 % green, versez-la dans une bouteille en inox, et vous aurez l'impression de boire de l'eau de source tout droit venue du pays des Elfes.

La pastèque

La pastèque est l'alliée ultime de votre été ! Riche en eau et pauvre en calories, elle vous permet de grignoter sans prendre un gramme. Et bien sûr, elle vous aide à vous hydrater en une bouchée : c'est vital en période de grandes chaleurs.

Les myrtilles

Les myrtilles ou « *blueberries* » *in English*, sont des championnes en antioxydants, anthocyanines, flavonoïdes et tout un tas d'autres choses aux noms étranges mais aux capacités exceptionnelles.

Les myrtilles sont bénéfiques au fonctionnement du cerveau et aident à prévenir les maladies d'Alzheimer ou de Parkinson, grâce à leur forte teneur en sélénium, potassium, cuivre, zinc, manganèse et vitamines (A, B, C, E).

Elles sont très peu caloriques et connues pour réduire les graisses autour du ventre, et d'une manière générale pour booster le métabolisme : c'est parfait pour celles qui surveillent leur ligne. Elles sont aussi très bonnes pour la peau, en contribuant à la rendre plus ferme et en luttant contre l'acné. C'est le fruit anti-âge par excellence.

Yoga pour la confiance en soi

by Elena Brower

Elena Brower est une professeure de yoga très réputée, qui compte parmi ses élèves des stars comme Gwyneth Paltrow, Christy Turlington et Eva Mendes. Fondatrice de Virayoga NYC, un studio en plein quartier de SoHo à New York, Elena travaille beaucoup avec les femmes et le yoga pré ou postnatal, ainsi que sur l'équilibre hormonal et surtout la confiance en soi. Elle lie toujours les émotions et la vie externe au corps et au cœur. Elena Brower est co-auteur de *Yoga. L'art de l'attention*, chez Marabout.

www.elenabrower.com

La pratique du yoga permet de développer notre force physique, nos capacités et notre sensibilité. Même quelques minutes d'une pratique concentrée me donne une sensation de nouveau départ, une nouvelle perspective et un sens revitalisé de moi-même et de mon objectif. Avec ces cinq postures, on oxygène le sang, on renforce les os, on crée de l'espace entre les muscles et on reconnecte notre cerveau. Cette « reconnexion » est ce que je ressens le plus profondément : à chaque fois que je me trouve dans un état de doute ou de peur, une pratique, même courte, me ramène au réel, me rafraîchit les idées, me rappelle qui je suis et comment je bouge dans ce monde. Que cette séance vous apporte la paix intérieure que vous recherchez !

1. TADASANA

Commencez debout bras le long du corps en Tadasana, la posture de la montagne. Pendant 3 à 5 respirations, sentez bien vos pieds sur le sol, étirez vos jambes et allongez votre colonne vertébrale. Laissez votre visage se détendre et tournez les paumes de vos mains vers l'avant. Écoutez ces 3 à 5 respirations et sentez votre propre présence.

2. URDHVA HASTASANA

Pour Urdhva Hastasana, ou la posture du salut mains vers le haut, étirez vos bras très haut, aussi loin au-dessus de vous que possible, chaque doigt de la main tendu vers le ciel, pendant que vous respirez aussi profondément et aussi lentement que vous le pouvez : faites 3 à 5 respirations. Puis étirez vos bras de chaque côté du corps aussi loin que possible, chaque doigt de la main tendu vers l'extérieur, pendant 3 à 5 respirations bien conscientes. À ce moment, entrelacez vos mains derrière vous, paume contre paume. Tentez de monter vos bras dans cette position, tendez les coudes et respirez, aussi profondément et lentement que vous le pouvez, pendant 3 à 5 respirations. Habitez tout votre corps ; respirez avec votre corps entier, jusqu'à la surface de votre peau. Atterrissez dans votre propre corps, installez-y votre conscience et ressentez combien cela vous apporte de confort et de confiance en vous.

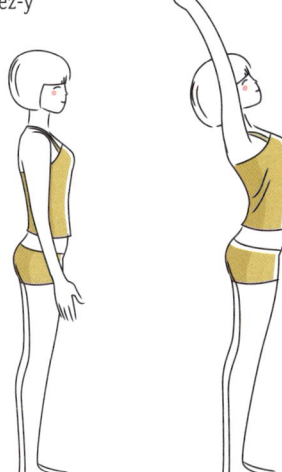

3. UTTANASANA

Penchez-vous en avant dans la posture d'Uuttanasana, la pince debout. Rafraîchissante, contemplative et équilibrante, cette posture se ressent comme dans un cocon calme. Mettez de la force dans vos jambes, en étirant leurs muscles vers le haut. Étalez au sol vos doigts de pieds et allongez-les bien. Touchez le sol avec vos mains si vous le pouvez, ou vos tibias si c'est plus facile, tenez le haut de votre crâne parallèle au sol et tirez vers le sol, comme si vous cherchiez à y poser la tête. En même temps, étirez les jambes pendant 3 à 5 respirations, voire même jusqu'à une minute.

4. ADHA MUKHA SVANASANA

Les fesses toujours vers le ciel, posez vos mains au sol en avant, et mettez votre corps en équerre pour Adha Mukha Svanasana, la position du chien la tête en bas. Étirez tout votre corps : les bras tendus, les mains vers l'avant, les talons, qui essaient de toucher le sol, vers l'arrière, la poitrine (le cœur) vers l'avant. Étalez vos doigts au sol de vos mains. Respirez profondément et consciemment et tirez vos fesses vers le haut. Étirez les jambes pour leur donner de la force et poussez vos talons vers le bas, puis posez vos talons sur le sol. Prenez 3 à 5 respirations et peu à peu construisez votre endurance : 30 secondes au début, puis plus tard 1 minute.

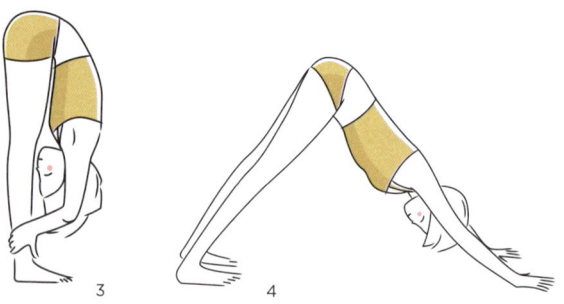

5. PARSVAKONASANA

Les jambes écartées, tournez votre pied droit vers l'avant, jambe pliée à 90 degrés. Tournez votre pied gauche à 45 degrés de l'axe de votre corps, la jambe bien tendue et le talon au sol. Tendez votre jambe gauche. Appuyez-vous bien sur votre pied droit, avec toute la plante du pied sur le sol, et rendez très forte cette jambe en poussant le pied fortement dans le sol pour soutenir le corps. Posez votre avant-bras droit sur votre cuisse droite, prenez appui dessus et tendez votre bras gauche vers le haut, dans l'alignement de la jambe gauche. C'est Parsvakonasana, la posture de l'angle latéral. Respirez lentement avec les deux narines, très profondément, en prenant conscience de l'air dans vos deux poumons, puis étirez davantage la jambe gauche en arrière et pliez votre genou droit plus profondément pour accentuer l'étirement. Respirez 3 à 5 fois. Revenez à Tadasana et faites la position de l'autre côté.

Tapenade aubergine et olives noires

Pour 1 personne
Une dizaine d'olives noires dénoyautées • 1 grande aubergine • ½ c. à café d'herbes de Provence • Le jus d'1 citron ❤ • 1 c. à soupe d'huile d'olive • Sel et poivre

Préchauffez votre four à 180 °C. Lavez et coupez l'aubergine en deux. Salez légèrement les deux parties (1 pincée), et laissez reposer environ une demi-heure, le temps que le sel soit bien absorbé : l'aubergine va « transpirer » ce qui la rendra encore plus délicieuse.

Mettez les deux moitiés d'aubergine sur une plaque, avec un filet d'huile d'olive : faites cuire au four à 180 °C pendant environ ½ heure, jusqu'à ce que la chair soit très tendre. Retirez du four et laissez refroidir 15 minutes.

Avec une cuillère, retirez la chair de l'aubergine qui seule servira à la recette, et mettez-la dans un blender avec les olives, les herbes de Provence, 1 pincée de poivre, un filet d'huile d'olive et le jus de citron. Salez et poivrez au goût. Mixez jusqu'à obtenir une préparation homogène.

L'HUILE D'OLIVE : LA PLUS PARFUMÉE ET LA PLUS CHALEUREUSE !

Dans la famille des huiles végétales, l'huile d'olive est certainement la plus populaire, la *cheerleader* des huiles, utilisée dans de très nombreuses préparations culinaires. Elle est aussi au cœur du fameux régime méditerranéen. L'huile d'olive est pleine de graisses, mais qui sont justement la source de ses bienfaits car elles protègent contre les maladies cardiovasculaires. L'huile d'olive est riche en polyphénols, membres de la famille des antioxydants, des amis anti-âge, qui aident aussi à lutter contre le mauvais cholestérol.

L'huile d'olive est plus généralement associée à l'été, mais comme on la trouve en toutes saisons, autant profiter de ses bienfaits également en hiver, où on en a le plus besoin !

Mieux vaut utiliser l'huile d'olive en assaisonnement pour préserver ses vertus. Vous pouvez cependant l'utiliser en huile de cuisson, mais sans jamais dépasser 180 °CC, donc toujours à feu très doux !

Guacamole

Guacamole tout simple

Pour 1 personne

1 gros avocat ♥ • *Le jus d'1 citron jaune* ♥ • *Le jus d'1 citron vert* • *1 pincée de cumin • 1 c. à café de coriandre fraîche, hachée • 1 c. à café de ciboulette, hachée • 1 c. à café d'huile d'olive • Sel et poivre (de Cayenne de préférence)*

En option, pour le goût et la couleur verte

2 c. à café de poudre de spiruline ♥

Épluchez et coupez grossièrement l'avocat en morceaux. Sur une assiette, écrasez à la fourchette la chair d'avocat mélangée aux autres ingrédients. Salez, poivrez à votre goût.

♥ Best Friend Food : l'avocat

Oui, je le confesse, l'avocat n'est pas très loin d'être l'homme de ma vie. *I love you, sweet avocado.* « Mais, Rebecca, l'avocat, c'est hyper gras ! » Et alors ? Comme pour les bonnes bactéries, il existe des bons gras, et celui de l'avocat en fait partie. Il est essentiel pour le fonctionnement du cerveau, l'éclat de la peau et l'équilibre du corps. Il favorise l'assimilation des nutriments et antioxydants des aliments. Certes, il ne faut pas en abuser, mais répétez après moi, mes amies : « Je n'ai pas peur du gras ! » Alors, ça fait du bien ?

L'avocat regorge de vitamine E, essentielle pour protéger contre plusieurs maladies, et de bêta-sitostérol, qui aide à lutter contre le mauvais cholestérol. Il contient de l'acide folique, bon pour les femmes enceintes, ou pour celles qui aspirent à le devenir. L'avocat est riche en fibres, et se digère très bien.

L'avocat est un beurre naturel, un don de notre chère Mère Nature. Sa consistance unique lui permet d'être le remplaçant parfait pour le beurre, la mayonnaise ou la crème. Dans les sauces, les salades ou les sandwichs, dans les smoothies et les soupes, mais aussi dans les desserts, il rend vos préparations crémeuses et onctueuses. Il se marie avec différentes catégories d'aliments : avec les glucides comme les lipides, avec les fruits comme avec les légumes.

Crazy guacamole

Pour 1 personne

1 gros avocat ❤ • ¼ de mangue • 1 tomate • ½ concombre • 1 gousse d'ail • 1 oignon rouge • Le jus de ½ citron jaune ❤ • Le jus de ½ citron vert • 2 c. à soupe de coriandre fraîche, finement hachée • 1 c. à soupe de ciboulette, finement hachée • 1 c. à soupe d'huile d'olive (ou de chanvre) • 1 pincée de cumin en poudre • 1 pincée de coriandre en poudre • 1 poignée de pépites de graines de courge • Sel et poivre (de Cayenne de préférence)

Épluchez et coupez grossièrement l'avocat en morceaux. Épluchez et coupez en dés le concombre et la mangue. Coupez la tomate en dés. Pelez et hachez finement l'ail et l'oignon.

Sur une assiette, écrasez à la fourchette la chair d'avocat mélangée au jus de citron, aux herbes, épices et huiles. Puis ajoutez à votre guacamole quelques dés de mangue, tomate et concombre, salez et poivrez à votre goût, puis mélangez. Saupoudrez de graines de courge et de ciboulette.

Conseil La règle pour bien choisir son avocat : il doit être mou... mais pas trop. Si vous avez acheté un avocat trop dur et n'avez pas le temps d'attendre 3 jours qu'il mûrisse, placez-le dans un sac en papier, entouré de fruits assez mûrs (mention spéciale aux pommes et bananes), pour accélérer la maturation.

RECETTE BEAUTÉ
Masque à l'avocat

L'avocat aide à réduire les rides et cicatrices et contribue à rendre la peau plus douce et bien hydratée. Les Aztèques utilisaient déjà l'avocat en produit de beauté. Alors pourquoi pas nous ?

Écrasez à la fourchette la chair d'un avocat ❤ et mélangez-la avec 1 cuillerée à soupe d'huile d'amande (ou d'olive) pour obtenir une consistance crémeuse. Apposez la préparation en masque sur votre visage et laissez agir une quinzaine de minutes. Rincez abondamment.

Variante Pour les peaux très sèches, ajoutez à votre préparation 1 cuillerée à soupe de miel.

Rouleaux d'été aux graines germées

Pour 1 personne

1 feuille de riz • 1 poignée de graines germées au choix : alfalfa, fenugrec, soja, etc. • 1 avocat ❤ • 1 poivron rouge • 1 carotte ❤ • 1 concombre • 1 c. à soupe de tahini (ou purée de sésame)

Pour la sauce

1 c. à café de tamari • 1 c. à café d'huile de sésame toasté • 1 gousse d'ail • 1 c. à café de jus de citron ❤

Épluchez et tranchez finement l'avocat, la carotte et le concombre. Débarrassez le poivron de ses graines et de sa membrane blanche, puis détaillez-le également en lanières. Pelez et hachez l'ail.

Faites tremper la feuille de riz quelques secondes dans un bol d'eau à température ambiante, puis étalez-la sur une assiette. Tartinez la feuille de riz de tahini, puis garnissez-la avec les légumes et les graines germées. Ajoutez une nouvelle couche de purée de sésame.

En commençant par le côté le plus près de vous, repliez la galette sur la garniture, puis pliez aussi l'autre côté. Repliez alors les bords perpendiculaires pour que toute la garniture soit enveloppée dans la feuille de riz et que les quatre côtés de la feuille de riz soient collés complètement.

Coupez les rouleaux d'été en deux. Mélangez les ingrédients de la sauce dans un petit récipient, à servir à part. Trempez vos rouleaux dedans avant de les déguster.

LES GRAINES GERMÉES : DES ALIMENTS MIRACLES

Les graines germées sont des aliments « vivants », qui n'ont subi aucune transformation et regorgent de nutriments, vitamines, minéraux, enzymes, fibres, antioxydants, chlorophylle et de protéines végétales. La germination rend les graines très digestes et facilement absorbables par le foie et le pancréas.

Haricots verts à l'orange et aux noisettes

Pour 1 personne

200 g de haricots verts • 1 c. à soupe de noisettes • 1 c. à soupe de raisins secs

Pour la sauce orange-noisette

2 c. à café d'huile de noisette (ou de sésame) • 1 c. à café d'huile d'olive • Le jus et le zeste de ½ orange

En option, pour la puissance du goût

1 c. à café de gingembre frais épluché et haché ❤ • *Sel et poivre*

Torréfiez les noisettes au four (10 minutes à 180 °C) ou à la poêle (2 minutes à feu moyen), en surveillant et en les remuant pour qu'elles ne brûlent pas.

Faites cuire les haricots verts à la vapeur, pas plus de 2 minutes pour qu'ils restent croquants. Plongez-les dans l'eau froide pour arrêter la cuisson.

POUR FAIRE LA SAUCE

Réservez la moitié du zeste d'orange pour la garniture. Mélangez tous les ingrédients dans un blender ou à la main. Salez, poivrez selon votre goût.

Mélangez les haricots avec la sauce, les noisettes toastées et les raisins secs puis ajoutez-y le reste du zeste d'orange.

Suggestion Cette salade chaude est parfaite en accompagnement, mais vous pouvez également en faire un plat, en l'associant à du quinoa ou du riz sauvage.

Salade multicolore, sauce mangue

Pour 1 personne

100 g de haricots noirs cuits (voir pages 37) ou en conserve (rincer bien avant emploi) • ¼ de poivron rouge • ¼ de poivron orange • ¼ de poivron jaune • ½ concombre • 1 avocat ♥ • 1 carotte ♥ • 1 grosse poignée de pousses d'épinards • 1 grosse poignée de coriandre fraîche • 1 c. à soupe de ciboulette ciselée • 2 c. à soupe de graines de courge

Pour la sauce

1 mangue bien mûre • 1 c. à café d'oignon vert haché • Le jus d'1 citron vert • 1 c. à soupe d'huile d'olive • ¼ c. à café de coriandre en poudre • Sel et poivre

Faites cuire les haricots noirs et laissez-les refroidir. Nettoyez le poivron en ôtant la membrane blanche et les graines à l'intérieur, puis coupez-le en tranches fines. Épluchez puis râpez la carotte. Épluchez puis coupez le concombre en morceaux. Épluchez puis coupez l'avocat en tranches fines.

Toastez les graines de courge au four (10 minutes à 180 °C) ou à la poêle (2 minutes à feu moyen), en les remuant pour qu'elles ne brûlent pas.

POUR FAIRE LA SAUCE

Épluchez et coupez la mangue en morceaux. Mixez tous les ingrédients, jusqu'à obtenir une sauce crémeuse.

Mettez les tranches d'avocat et quelques feuilles de coriandre fraîche de côté. Mélangez tous les autres ingrédients de la salade à la sauce (oui, il y a beaucoup de sauce, c'est normal !). Disposez les tranches d'avocat au-dessus du plat et quelques feuilles de coriandre. Salez, poivrez.

LE POIVRON ROUGE : INCOGNITO

Le poivron rouge, c'est un fruit : et oui, il s'agit d'un fruit déguisé en légume ! Il est très riche en vitamine C et en antioxydants, mais pauvre en calories et surtout très anti-inflammatoire. Le lycopène qu'il contient, un antioxydant très puissant, est un allié contre certaines formes de cancers.

Green soup d'été

Pour 2 personnes

150 ml d'eau • 2 avocats ♥ • 1 petit concombre • 1 branche de céleri • 1 bulbe de fenouil • Le jus d'1 citron vert • Le jus d'1 citron jaune ♥ • 1 gousse d'ail • 1 poignée de coriandre fraîche • 2 c. à soupe de ciboulette • 1 pincée de cumin en poudre • 1 pincée de coriandre en poudre • 1 c. à soupe d'huile d'olive (ou de pépins de courge) • Sel et poivre

En option

2 c. à café de poudre de spiruline ♥

Épluchez et coupez les avocats, le concombre et l'ail en petits morceaux. Nettoyez et coupez le céleri et le fenouil en petits morceaux. Puis mixez tous les ingrédients dans un blender. Salez, poivrez selon votre goût.

Conseil Si vous utilisez un Vitamix, plus puissant qu'un blender standard, vous aurez moins besoin d'eau de coco (100 ml au lieu de 150) pour rendre votre préparation liquide. De même, lorsque vous découpez les légumes avant de les mixer, la taille des morceaux va dépendre de la puissance de votre blender.

♥ Best Friend Food : la spiruline

La spiruline est une variété d'algue qui contient jusqu'à 70 % de protéines. C'est la meilleure source de protéine au monde, plus que le soja et le bœuf, et qui plus est facilement absorbable par le corps. Elle est d'ailleurs souvent donnée aux enfants souffrant de malnutrition. Très riche également en vitamines, minéraux et chlorophylle, la spiruline donne de l'énergie, aide au bon fonctionnement du cerveau et soutient le système immunitaire. Enfin, comme elle est très nourrissante, la spiruline est une bonne alliée pour celles qui surveillent leur ligne, car elle aide à modérer son appétit.

Velouté froid de carottes à la crème de cajou

Pour 1 personne

250 ml de jus de carotte ❤ • ½ avocat ❤ • 30 g de noix de macadamia ❤ • Le jus de ½ citron ❤ • 1 ou 2 gousses d'ail selon votre goût • 1 c. à café de tamari • 1 c. à café de miso ❤ • 1 c. à café de gingembre frais ❤ • 1 c. à café de ciboulette • Poivre

Pour la touche finale

1 portion de crème de cajou (page 26)

En option, des toppings green au choix

*1 c. à soupe de carotte épluchée et râpée, **ou** 1 c. à soupe de betterave épluchée et râpée, **ou** 1 c. à soupe de concombre, épluché et coupé en petits dés, **ou** 1 c. à café de ciboulette hachée, **ou** 1 c. à café de graines de sésame noir, **ou** 1 c. à café de gomasio (page 28)*

Épluchez et coupez l'avocat et l'ail en morceaux. Épluchez le gingembre. Mixez tous les ingrédients dans un blender, avec 1 pincée de poivre.

Préparez les toppings de votre choix et râpez les carottes ou betteraves, épluchez et coupez en petits dés le concombre et hachez la ciboulette.

Mettez la soupe dans le frigo pendant 1 h pour la faire refroidir. Avant de servir, ajoutez la crème, puis saupoudrez votre plat avec les toppings de votre choix.

Pad thaï à la folie

Pour 1 personne

100 g de nouilles (au choix : nouilles de légumes ou nouilles de kelp) • 1 carotte ♥ • ½ concombre • ½ poivron rouge

Pour la sauce thaï

1 c. à soupe d'huile de coco ♥ • 3 c. à soupe de lait de coco ♥ (page 22) • 1 c. à soupe de purée d'amande blanche ♥ (page 36) • 1 morceau de gingembre frais ♥ • 1 petite gousse d'ail • Le jus de ½ citron vert ♥ • 1 petite c. à soupe de tamari • 1 c. à café de miso ♥ • 2 à 3 c. à soupe d'eau • 1 datte dénoyautée • Poivre (de Cayenne, de préférence)

Pour la garniture

1 poignée de graines germées au choix • 1 c. à soupe de coriandre fraîche • 1 c. à soupe de ciboulette ciselée • 1 c. à café de graines de sésame

Faites tremper les nouilles de kelp ou, pour des nouilles encore plus green, prenez un légume, type carotte, radis chinois ou courgette ; épluchez-le et faites-en de fines pâtes à l'aide d'une mandoline.

Pour la sauce, commencez par éplucher le gingembre et l'ail, puis mixez tous les ingrédients de la sauce dans un blender. Poivrez selon votre goût.

Pour la garniture, épluchez et coupez la carotte et le concombre en dés ; nettoyez les poivrons et retirez leurs graines et leur membrane blanche, puis coupez-les en dés également.

Versez la sauce sur les nouilles et mélangez bien. Incorporer la garniture crue avant de servir.

LA CORIANDRE : UNE HERBE MAGIQUE !

La coriandre est un bon remède contre l'arthrite, les problèmes liés à nos petites visiteuses mensuelles, l'anémie ou l'eczéma, donne de l'éclat à la peau et est riche en vitamines A et C. En plus, c'est tellement bon qu'une simple touche embaume le palais à chaque bouchée !

Le curry thaï de nos placards

Pour 1 personne
100 ml de lait de coco ♥ • 1 tasse de riz complet (ou de riz rouge) • 1 courgette verte • 1 courgette jaune • 1 carotte ♥ • 1 poivron (rouge, orange ou jaune) • 1 tomate • 2 poignées d'épinards • 2 gousses d'ail • 1 échalote • 2 c. à soupe de basilic frais • 2 c. à soupe de coriandre fraîche • 1 c. à soupe de menthe fraîche • 1 pincée de cumin • 1 pincée de curcuma, frais et râpé ♥ (ou en poudre) • 1 pincée de coriandre en poudre • 1 c. à café de gingembre frais râpé ♥ • 1 c. à café de tamari (ou 1 pincée de sel) • Le jus d'1 citron vert ♥ • 1 c. à soupe d'huile de coco ♥ • Poivre (de Cayenne de préférence)

En option
2 petites branches de citronnelle fraîche • 1 c. à soupe de noix de coco râpée ♥

Faites cuire le riz en suivant les consignes de l'emballage. Épluchez et hachez vos courgettes, la carotte, l'ail et l'échalote. Nettoyez le poivron et retirez ses graines et sa membrane blanche, coupez-le en lanières que vous retrancherez dans l'autre sens pour avoir de très petits morceaux. Coupez la tomate en dés. Épluchez et hachez le gingembre.

Faites chauffer l'huile de coco dans une poêle à feu doux, ajoutez l'ail et l'échalote, et laissez cuire à feu doux, puis ajoutez la carotte et le gingembre. Versez 40 ml d'eau, couvrez et laissez mijoter 2 à 3 minutes.

Ajoutez alors les courgettes, le poivron, la tomate, les épinards, la citronnelle (en option), le lait de coco, les épices et la moitié du jus de citron vert. Couvrez à nouveau et laissez mijoter 5 minutes, jusqu'à ce que les légumes soient plus tendres (mais pas trop cuits !). Ajoutez la moitié du basilic et de la coriandre fraîche, et retirez du feu très vite, après seulement quelques secondes.

Nappez le riz de votre préparation. Enfin, ajoutez le reste de coriandre et de basilic, ainsi que la menthe, le tamari et la noix de coco râpée (en option). Avant de servir, versez le reste du jus de citron vert.

Love-lasagnes de courgettes

Pour 1 personne
1 portion de crème de macadamia (page 25) • 1 portion de sauce tomate (page 33)

Pour les feuilles de lasagnes
1 grande courgette (jaune ou verte) • Sel

Pour la farce aux épinards
100 g de feuilles d'épinard • Le jus d'1 citron ❤ • 1 filet de vinaigre de cidre • 1 c. à soupe d'huile d'olive • Sel et poivre

Pour le pesto
1 poignée de basilic frais • 50 g de pistaches crues, non salées et décortiquées (ou de pignons de pin) • 1 poignée de roquette • 1 gousse d'ail • Le jus d'1 citron ❤ • 2 c. à soupe d'huile d'olive • Sel

En option, pour un petit goût « fromagé »
1 c. à soupe de levure de bière

Prévoyez de commencer la préparation un peu en avance : le matin, avant de partir à la plage, par exemple.

POUR FAIRE LES FEUILLES DE LASAGNE

Épluchez la courgette, puis coupez-la en deux tronçons. Faites avec chaque tronçon des tranches fines sur toute la longueur, si possible à la mandoline. Saupoudrez les courgettes avec une pointe de sel puis laissez absorber sur une assiette : vous pouvez prévoir cette étape la veille au soir, ou le matin, mais sinon trois quarts d'heure suffiront.

POUR FAIRE LA FARCE AUX ÉPINARDS

Mettez tous les ingrédients dans un saladier, avec 1 pincée de sel et de poivre, et mélangez à la main, doucement, pour faire ressortir les saveurs. Laissez de côté le temps de faire les autres préparations, pour que les épinards flétrissent.

POUR FAIRE LE PESTO

Mixez tous les ingrédients dans un blender, jusqu'à obtenir une texture lisse mais pas trop fluide. Ajoutez 1 pincée de sel. Pour un goût plus prononcé, augmentez la quantité d'huile d'olive.

MONTAGE

Rincez les « feuilles » de courgettes et séchez-les avec un torchon propre.

Constituez vos lasagnes en disposant, en couches successives, dans l'ordre qui suit : « feuilles » de courgette, crème de macadamia, pesto, sauce tomates, épinards, puis recommencez l'opération plusieurs fois de suite…

Terminez avec une feuille de courgette, un filet de pesto, quelques pistaches ou pignons de pin et quelques feuilles de basilic frais.

Servez avec une salade croquante de roquette à l'huile d'olive (ou, pour être encore plus glamour, à l'huile de truffe : oh là là !)

Le not-guilty burger-frites

Pour 2 personnes

1 portion de ketchup (page 34) • 4 tranches de pain (sans gluten pour moi !) • Graines germées au choix pour garnir

Pour le « steak »

50 g de millet • 2 grosses carottes ♥ • 2 branches de céleri • 2 gousses d'ail • 1 oignon rouge • 3 poignées de feuilles d'épinard • 2 c. à soupe d'huile de coco ♥ • 1 c. à café de tamari • 1 c. à café de cumin • 2 c. à soupe de farine d'amarante (ou de farime de quinoa ou de riz complet ou demi-complet) • Poivre

Pour les frites de légumes

1 patate douce ♥ • 1 gros panais • 1 c. à soupe d'huile de coco ♥ • Sel et poivre

POUR FAIRE LE « STEAK »

Faites cuire le millet à l'eau bouillante entre 25 et 30 minutes, pour qu'il soit bien mou. Pelez et coupez l'ail et les oignons en morceaux. Épluchez et râpez les carottes. Nettoyez le céleri et les épinards et coupez le céleri en petits dés.

Dans une poêle, faites revenir à feu moyen, pendant quelques minutes, les oignons et l'ail dans 1 cuillerée à soupe d'huile de coco. Ajoutez les carottes, le céleri et les épinards, et laissez cuire quelques minutes.

Dans un bol, mélangez vos légumes cuits avec le millet, la farine d'amarante et les épices. Formez des boules avec les mains, puis écrasez-les pour leur donner la forme d'un morceau de steak haché.

Mettez le reste d'huile de coco dans une poêle, et faites cuire les steaks à feu moyen, environ 5 minutes de chaque côté. Poivrez selon votre goût.

POUR FAIRE LES FRITES DE LÉGUMES

Préchauffez votre four à 180 °C. Faites chauffer l'huile de coco quelques secondes dans une poêle à feu moyen, pour la rendre liquide.

Épluchez et coupez la patate douce et le panais en bâtonnets, puis trempez-les dans l'huile de coco, avec 1 pincée de sel et poivre. Étalez-les sur la plaque du four.

Faites cuire au four pendant 20 minutes environ, puis retournez-les et laissez-les cuire à nouveau 10 minutes. Vos frites doivent être croustillantes à l'extérieur, mais moelleuses à l'intérieur.

MONTAGE

Toastez les tranches de pain. Placez un steak sur une tranche de pain. Garnissez avec 1 cuillerée à soupe de ketchup et 1 cuillerée de graines germées. Couvrez avec l'autre tranche de pain, puis servez avec les frites de légumes et une salade verte sur le côté.

Suggestion Un burger-frites à la sauce green que vous pourrez dévorer sans aucune culpabilité, car tout est green, sain et bon Pour une version encore plus green, remplacez le pain par deux feuilles de romaine crues.

Tacos party

Pour 4 tacos

Pour les tortillas green

4 feuilles de salade • 4 portions de crème de cajou (page 26, soit 8 c. à soupe) • 1 portion de sauce salsa tomatos (soit entre 8 et 12 cuillères à soupe)

Pour le « steak haché » de noix

100 g de noix ♥ • 2 c. à café de tamari • Plusieurs pincées de piment rouge en poudre (ou autre épice piquante au choix) • ½ c. à café de cumin en poudre • 1 c. à soupe d'huile d'olive

Autres garnitures

2 avocats ♥ • 1 citron vert ♥ • 1 carotte râpée ♥ • Quelques feuilles de coriandre fraîche

Pour la salsa tomatos !

100 g de tomates cerise (ou 2 grosses tomates) • 1 concombre • 1 poivron rouge • 1 poivron jaune ou orange • 2 gousses d'ail • 1 oignon rouge • Le jus d'1 citron vert ♥ • Le jus d'1 citron jaune • 1 grosse poignée de coriandre • 2 c. à soupe de ciboulette • 1 c. à soupe de miel • 1 c. à soupe d'huile d'olive • Sel et poivre (de Cayenne de préférence)

En option, pour une version fruitée

2 c. à soupe de mangue fraîche

POUR LE « STEAK HACHÉ » DE NOIX

Pour faire le « steak haché » de noix : mélangez tous les ingrédients dans un blender, sans mixer jusqu'au bout, afin d'obtenir une préparation homogène mais toujours croquante.

POUR LA SALSA TOMATOS !

Voici une sauce tomate d'été idéale pour vos tacos, mais utilisable également seule pour y tremper des chips de chou kale (page 84), en faire un wrap de nori (page 93) ou pour agrémenter une salade ou des pâtes.

Épluchez le concombre, et coupez-le en petits dés, tout comme les tomates.

Nettoyez l'intérieur des poivrons en ôtant la membrane blanche et les graines, puis coupez-les en petits dés. Pelez et ciselez l'ail et l'oignon.

Mélangez les jus de citrons, l'huile, le miel, puis ajoutez les autres ingrédients et mélangez bien. Salez, poivrez selon votre goût.

POUR LES TACOS

Épluchez et coupez les avocats en fines tranches. Coupez le citron vert en quatre.

Étalez une feuille de laitue sur votre assiette. Mettez d'abord une couche fine de « steak haché » de noix, puis quelques tranches d'avocat, quelques cuillerées de salsa tomatos, une couche de crème de cajou et un peu de coriandre.

Avant de refermer votre tacos, prenez un quart de citron vert et pressez-le directement sur la garniture. Fermez la tortilla garnie pour en faire un rouleau. Olé !

LA MANGUE : BEAUTY FRUIT !

Surnommée la « reine des fruits », elle est effectivement un fruit royal en termes de goût et de nutrition. Elle constitue un bon apport en bêta-carotène, qui lui donne sa belle couleur orangée, en vitamines A et B, et en antioxydants : idéal pour une peau et un corps sains. Gorgée d'eau et de sucre naturel, la mangue rafraîchit, hydrate et rend heureuse (oui, c'est tellement bon qu'on a envie de sourire instantanément, c'est scientifiquement prouvé par... moi).

Préférez les mangues mûres car elles sont non seulement plus tendres et goûteuses, mais surtout plus riches en fibres et donc bonnes pour l'organisme : finalement, c'est un peu comme le vin, elles se bonifient avec le temps, l'alcool en moins !

Pizzas sur pâte de socca

Pâte pour 1 pizza

130 g de farine de pois chiche • 3 c. à soupe d'huile d'olive • 150 ml d'eau • ½ c. à café de thym frais • 1 c. à soupe d'huile de coco ♥ • Sel et poivre

Préchauffez le four à 200 °C. Dans un grand bol, mélangez la farine de pois chiche avec 1 pincée de sel et de poivre. Ajoutez l'huile, puis l'eau pour que la pâte ait une consistance liquide mais très épaisse, davantage qu'une pâte à crêpes par exemple. Laissez reposer : dans l'idéal, préparez la pâte le matin et laissez-la attendre jusqu'au soir ; pour les plus pressées, patientez au moins 1 heure !

Mettez une poêle en fonte (ou un plat à four métallique ou en céramique, à défaut) à chauffer, vide, dans le four pendant quelques minutes. Puis sortez-la, mettez-y 1 cuillerée d'huile de coco et versez la pâte de socca, qui doit couvrir toute la poêle.

Enfournez pour 8 à 10 minutes, jusqu'à ce que la pâte soit ferme, les bords brunis mais le centre bien jaune. Ensuite, retournez-la et faites-la cuire à nouveau pendant 8 à 10 minutes.

Suggestion La socca peut aussi se déguster seule, comme du bon pain chaud.

VARIATIONS AUTOUR DE LA PIZZA

Vous pouvez garnir avec tout ce que vous voulez, mais voici deux recettes à partir de préparations green, glam et gourmandes :

Green Pizza : nappez votre pâte de socca tout juste sortie du four avec 1 portion de sauce soleil (page 30), quelques tomates séchées, quelques feuilles de basilic frais.

Margarita Pizza : nappez votre pâte de socca tout juste sortie du four avec 1 portion de sauce tomate (page 33), 1 portion de *veggie cheese* au miso (page 24), quelques feuilles de basilic frais.

Suggestion Avant de servir, vous pouvez parsemer vos pizzas de giboulée de noix, amandes, etc. (recette page 27).

Bol de matchia

Pour 1 personne

150 ml de lait d'amande ♥ (page 22) • 50 g de framboises • 50 g de myrtilles • ¼ c. à café de vanille en poudre • 1 c. à café de poudre de matcha • 2 c. à soupe de graines de chia ♥ • 1 c. à café de miel

Mélangez le lait d'amande, la vanille, le matcha et le miel dans un blender pour faire un lait au matcha.

Mettez les graines de chia dans un bol, puis versez le lait au matcha par-dessus. Mélangez avec une cuillère pendant quelques minutes. Laissez ensuite la préparation reposer au moins 1 heure à température ambiante en remuant de temps en temps, pour que le chia absorbe tout le liquide.

Ajoutez les myrtilles et framboises à votre préparation avant de servir.

Conseil Pour une consistance idéale, très moelleuse et encore plus digeste, préparez votre bol la veille : prévoyez un peu plus de liquide, et laissez reposer votre préparation 1 heure à l'air libre puis mettez-la au frais pour la nuit. Le matin, mélangez et ajoutez les fruits rouges.

Crisp de pêches de deux façons

Crisp de pêches cru

Pour 1 personne
3 pêches • 1 datte dénoyautée • Le jus de ½ citron ♥ • ½ c. à café de vanille • ¼ c. à café de cannelle

Pour la pâte
2 dattes dénoyautées • 1 c. à soupe de noix de pécan ♥ • 1 c. à soupe de noix ♥ • ¼ c. à café de cannelle • Sel

En garniture
1 c. à soupe d'amandes effilées ♥

Faites tremper les dattes dans de l'eau chaude 5 minutes. Coupez les pêches en dés, sans les éplucher si vous utilisez des pêches bio, car la peau est très nutritive.

Mettez 1 pêche, 1 datte, le jus de citron, la vanille et la cannelle dans un blender, puis mixez pour obtenir un coulis. Mélangez les 2 autres pêches au coulis.

POUR FAIRE LA PÂTE

Mixez les noix de pécan et les noix avec 2 dattes, la cannelle et 1 pincée de sel.

MONTAGE

Versez la pâte de noix sur le lit de fruits. Avant de servir, saupoudrez d'amandes.

LA CANNELLE : VOUS ALLEZ L'AIMER ENCORE PLUS !

La cannelle, c'est l'épice indémodable, très aromatique, qui va avec tout, vraiment tout. La cannelle soulage le ventre, stimule l'appétit et renforce les capacités du cerveau. Elle a un effet antibactérien et antifongique. La cannelle est riche en antioxydants qui rendent la peau belle et protègent le corps contre les maladies, et le vieillissement. Elle aide à diminuer le taux de sucre dans le sang et empêche le sucre de se transformer en graisse dans le corps.

Crisp de pêches cuit

Pour 1 personne

2 pêches • 50 g de myrtilles • Le jus d'1 citron ♥ • 1 pincée de cannelle • ½ c. à café de vanille • 1 c. à café de sirop d'érable • 1 c. à café de poudre d'arrow-root

Pour faire la pâte

40 g de flocons d'avoine (ou autres flocons sans gluten : quinoa, sarrasin, riz) • 2 c. à soupe de poudre d'amandes ♥ (page 36) • 2 c. à soupe de noix de pécan ♥ • 1 c. à soupe d'huile de coco ♥ • 1 pincée de cannelle • 1 c. à café de sirop d'érable • Sel

Faites préchauffer le four à 180 °C.

Coupez les pêches en dés, sans les éplucher si vous utilisez des pêches bio, car la peau est très nutritive, puis mélangez-les avec les myrtilles, le jus de citron, la cannelle, la vanille, le sirop d'érable et la poudre d'amandes. Mettez la préparation dans un moule et laissez de côté le temps de préparer la pâte.

POUR FAIRE LA PÂTE

Écrasez vos noix de pécan pour en faire des éclats. Dans un récipient, mélangez les flocons avec les éclats de noix de pécan, la cannelle et le sirop d'érable, 1 pincée de sel et l'huile de coco.

MONTAGE

Versez le mélange sur le lit de fruits et faites cuire au four à 180 °C pendant 25 minutes environ.

Sandwich de fruit aux 5 parfums

Pour 1 personne
1 banane ou 1 pomme ❤ • *1 pincée de cannelle en poudre* • *4 c. à soupe de purée d'amande* ❤ *(page 36)* • *2 c. à café de poudre de maca* • *½ c. à café de vanille en poudre*

En option, pour sucrer
1 c. à café de miel

Mélangez à la main la cannelle, la purée d'amande, la poudre de maca, la vanille en poudre, et le miel (en option), pour en faire une pâte.

Débarrassez la pomme de son cœur, et coupez-la en rondelles. Ou bien, épluchez et coupez la banane en deux, dans le sens de la longueur, ou en petites rondelles pour un effet « petit four ». Tartinez avec la pâte : refermez le sandwich et voilà un parfait goûter !

> ### ❤ Best Friend Food : la pomme
>
> « Une pomme par jour éloigne le médecin pour toujours. » Ce vieux proverbe anglais est tout à fait juste car la pomme est une mine d'or pour la santé. Riche en fructose et en glucides assimilables facilement, elle est très énergisante. Et comme elle est faite à 85 % d'eau, elle est aussi hydratante et facilite l'élimination des toxines. La pomme est particulièrement riche en fibres, surtout en pectine, une fibre soluble qui aide à la digestion, lutte contre la diarrhée et contribue à réduire le niveau de cholestérol dans le sang.

Le bar à glaces

Glace minute à la banane

Pour 1 pot
2 ou 3 bananes bien mûres ♥

Coupez quelques bananes en morceaux de 2 ou 3 cm et mettez-les au congélateur dans un contenant en verre idéalement, ou dans un petit sachet en plastique. Quand elles sont parfaitement congelées et dures, larguez tout dans votre blender et mixez jusqu'à obtenir une préparation bien crémeuse. À déguster immédiatement.

Conseil La banane, quand elle est bien mûre, est naturellement sucrée, vous n'avez pas besoin de mettre de sucre pour votre glace, mais si vous souhaitez en renforcer le goût, ajoutez : 1 datte dénoyautée trempée, ou 1 à 2 cuillerées à café de miel, de sirop d'érable ou de sucre de noix de coco.

Astuce Je vous conseille d'utiliser un robot culinaire ou un blender très puissant, qui ne fera pas fondre la glace en la mixant !

♥ Best Friend Food : la banane

Elle n'a pas toujours très bonne réputation parce qu'elle est riche en sucres, mais il ne faudrait pas oublier tous ses bienfaits pour la santé. Elle est riche en fibres, en vitamines A, B, C, E et K et contient de l'acide folique. Elle est aussi très riche en potassium, en minéraux et en électrolyte (qui contribuent à la réhydratation de notre corps), important pour la digestion et le bon fonctionnement des muscles. Et si sa chair est sucrée, elle ne contient pas de matières grasses.

Les bananes sont faciles à digérer et aident à lubrifier le tube digestif. Faites une purée de banane quand vous avez des problèmes de transit ou si vous êtes malade après une soirée trop arrosée, cela vous soulagera.

Les bananes se marient facilement avec d'autres aliments et rendent un dessert ou un smoothie crémeux et sucré : miraculeux pour éviter d'avoir à rajouter... de la crème et du sucre ! Enfin, sachez qu'elles sont encore meilleures avec quelques tâches marron sur la peau, c'est le signe qu'elles sont à maturité.

Glace mint chocolate chip

Pour 1 pot

1 banane congelée ♥ • *1 c. à soupe de cacao en poudre* ♥ • *1 c. à soupe de pépites de cacao* ♥ • *2 c. à café de menthe fraîche hachée* • *1 c. à café de miel* ♥

Mixez dans un blender une moitié des pépites avec la banane. Puis ajoutez l'autre moitié à la préparation, et mélangez à la main, afin d'obtenir une consistance *chunky* (avec des petits morceaux).

Mixez dans un blender le cacao en poudre et la menthe avec la banane et le miel. Enfin, mélangez les pépites de cacao à la préparation, à la main.

Glace aux fruits rouges

Pour 1 pot

1 banane congelée ♥ • *1 poignée de fruits rouges*

Mixez dans un blender une moitié de la poignée de fruits rouges avec la banane. Puis ajoutez les fruits rouges restants et mélangez à la cuillère, afin d'obtenir une consistance *chunky* (avec des petits morceaux).

Glace à la vanille ou au chocolat

Pour 1 pot

1 banane congelée ♥ • *½ c. à café de vanille en poudre (ou d'extrait de vanille liquide), ou 1 C. à soupe de cacao en poudre* ♥

En option

1 c. à café de poudre de caroube du Pérou

Mixez le tout dans un blender.

RECETTE BEAUTÉ

Masque beautiful banana

La banane est un superfood qui alimente tout le corps. Ce mélange très simple à base de plusieurs de nos best friend foods hydrate la peau, répare les cheveux cassés ou secs, adoucit la peau des pieds (pieds nus sur le sable tout l'été, ça dessèche !).

Ingrédients
2 avocats mûrs • 4 bananes mûres • 2 c. à soupe d'huile de coco • 1 c. à soupe de miel

Écrasez et mélangez la banane, l'avocat, l'huile de coco et le citron à l'aide d'une fourchette jusqu'à obtenir une consistance crémeuse. Étendez ¼ de la purée en masque sur le visage (en évitant les yeux, *please* !) Masser un autre ¼ de la purée sur le cuir chevelu et dans les cheveux, en option avec un bonnet de douche. Masser un autre ¼ de la purée sur le dessus des pieds.

Laissez poser tous ses beaux nutriments pendant 15 à 20 minutes. En attendant, prenez une pause, mettez le reste de la purée dans un bol et mangez-la à la cuillère.

Rincez les cheveux et les pieds à l'eau tiède. Rincez le visage à l'eau tiède puis froide.

Contre les brûlures du soleil Si vous avez pris un coup de soleil, mettez ce masque sur le visage ou la partie du corps concernée !

Un fabuleux anti-cernes La peau de banane contient du potassium, du coup c'est un très bon anti-cernes pour lutter contre la rétention d'eau. Même si l'idée de mettre la peau de banane sous les yeux ne semble pas très glamour (à faire toute seule à la maison), ça vous fera un regard *so glam* !

Souci de peau grasse en été ? Rajoutez du citron à votre masque, car il contient de la vitamine C et des enzymes qui aident à exfolier la peau et ses acides nettoient le sébum.

Automne

Après le farniente prolongé, mieux vaut ménager sa monture et permettre à son organisme de faire une transition douce, et de se préparer comme il faut à l'hiver qui bientôt frappera à la porte.

Car l'automne, comme le printemps, est une saison transitionnelle, une saison d'autant plus importante qu'elle doit donner à l'organisme toutes les forces nécessaires pour affronter le froid, le manque de luminosité et la fatigue qui caractérisent la période hivernale : selon la médecine chinoise, on passe de la saison du yin à la saison du yang, et selon l'ayurvéda, de la saison de Pitta à la saison de Vata.

Il faut gérer ce basculement en douceur pour ne pas fatiguer ses reins ou son foie. Pour ne pas leur provoquer un choc, en passant directement des salades légères et boissons froides, aux soupes consistantes et aux copieux plats chauds. Nourrissez-vous de repas sains et détoxifiants, mais pas trop légers quand même. Profitez le plus possible des fruits et légumes de la fin de l'été, et commencez à ouvrir la porte à des mets plus riches à base de courges, de pommes, ou de champignons.

En automne, il faut réfléchir à ce dont on a besoin ou envie de se débarrasser : cela concerne les aliments, oui, mais aussi les situations toxiques qui polluent nos vies. C'est le moment de se remettre au yoga ou au sport si on avait arrêté, ou juste de prendre le temps de bien respirer et de réfléchir sur soi. L'automne, c'est vraiment le temps de la réflexion, le moment de recommencer à zéro.

Ma playlist pour respirer en automne

Juste Breathe PEARL JAM
Think Good Thoughts COLBIE CAILLAT
Take it Easy JACK JOHNSON
Three Little Birds BOB MARLEY
Babylon DAVID GRAY
I Believe BLESSID UNION OF SOULS
Living in the Moment JASON MRAZ
Let it Be PAUL MCCARTNEY
Crush DAVE MATTHEWS BAND
One INDIA ARIE

Les aliments de saison

Les pommes	Les courges
Les poires	Le potimarron
Le brocoli	Les topinambours
Le chou-fleur	Les patates douces
Le panais	Les bettes cardes
Le navet	Les raisins

Se réinventer

L'automne, c'est la rentrée, le grand retour vers la vie normale après la parenthèse enchantée des vacances. Le moment de la reprise du travail, mais aussi une période très motivante et pleine d'espoir avec une nouvelle année qui commence.

Oh my Gourde !

L'automne, c'est une saison dangereuse : le découpage des courges est un exercice périlleux. Je le sais, car j'ai passé plusieurs automnes et hivers avec les mains couvertes de pansements. Petit guide.

POUR COUPER UNE COURGE BUTTERNUT

Coupez le haut et le bas de la courge sur 2 cm avec un bon couteau. Coupez la courge en deux dans le sens vertical. Attention : il ne s'agit pas d'une tâche facile alors prenez toutes vos forces (ou votre voisin très musclé) et bon courage ! *You can do it !* Enlevez les graines de courge avec une cuillère. Coupez la courge en tranches horizontales d'environ 3 cm. Utilisez un petit couteau pour couper la peau et ne laisser que la chair. Recoupez les tranches de chair en petits cubes d'environ 2 ou 3 cm.

POUR CUISINER D'AUTRES PETITES COURGES

Commencez par bien laver la courge. Ensuite, pour la rôtir, mettez-la entière dans le four entre 180 °C et 200 °C et laissez-la cuire 5 à 10 minutes. Puis vous pouvez :

1) couper la courge en deux et enlever les pépins, puis rajouter de l'huile de coco, du sel et du poivre. Déposez chaque demi-courge sur une plaque de cuisson, face coupée en bas. Continuez la cuisson au four pendant 15 à 20 minutes.

2) couper la courge en deux et enlever les pépins, puis détailler la chair en morceaux d'environ 1 ou 2 cm. Ajoutez de l'huile de coco, du sel et du poivre et mélangez. Étalez les morceaux sur une plaque de cuisson, enfournez et laissez cuire, 15 à 20 minutes, jusqu'à ce que la chair soit tendre, puis tournez les morceaux et prolongez la cuisson de 5 à 10 minutes.

Yoga pour la digestion

by Marc Holzman

Marc Holzman vient, comme moi, d'une ville proche de New York… mais c'est à Paris que je l'ai rencontré, et je suis vite devenue accro à son style de yoga à la fois doux et exigeant. Ses cours sont comme une bonne drogue : on en sort dans un état euphorique et on se sent bien de la tête aux pieds (parfois les deux se trouvent au même endroit dans les postures abordées !). Marc est un expert en Ayurvéda, autrement dit « la science de la vie ». Les postures de yoga physiques sont importantes, mais l'Ayurvéda mélange le physique avec le spirituel, le mental et l'émotionnel en un lien étroit : une approche globale.

www.guerillayogi.com

Selon l'Ayurvéda, la digestion est la clé de la bonne santé. Attiser notre *Agni*, notre feu digestif, est crucial pour tous les *Doshas* (forces dynamiques du corps). Quand le temps commence à tourner en automne, que l'écosystème extérieur se trouble, il faut veiller à ce que notre écosystème intérieur soit en bonne forme, surtout le système digestif. Une bonne règle à suivre dans l'Ayurvéda est celle de qui se ressemble s'assemble. Les opposés apportent de l'équilibre. Autrement dit, en automne, la saison de Vata, on privilégie les postures de yoga qui réchauffent le corps et qui stimulent le feu digestif.

BALASANA

Asseyez-vous sur les genoux, les pieds joints, puis écartez vos genoux. Penchez-vous en avant, le torse entre les genoux, le front reposant au sol, pendant 10 respirations. Cette posture, dite aussi posture de l'enfant, fait compresser l'abdomen et offre un massage aux organes internes. Pour le rendre encore plus intense, pliez une couverture et glissez-la sous le ventre.

1

2. PAVANAMUKTASANA

C'est la posture de libération des vents : allongez-vous sur le dos. Ramenez le genou gauche vers la poitrine en le tenant bien avec vos deux mains. Faites 5 respirations profondes, puis relâchez la position et faites la même chose avec le genou droit. Renouvelez plusieurs fois, parfois en ramenant les deux genoux simultanément. Cette posture masse le colon.

2

3

4

5

6

3. JATHARA PARIVARTANASANA

C'est le twist incliné : allongez-vous sur le dos et pliez les deux genoux, puis laissez-les tomber sur le côté gauche, à 90 °C par rapport au buste, en regardant vers l'épaule droite. Faites 5 respirations puis renouvelez la posture dans l'autre sens. Répétez le geste plusieurs fois. Cette posture aide à faire circuler les fluides dans le corps et stimule la digestion.

4. ET 5. BITILASANA ET MARJARIASANA

Mettez-vous à quatre pattes, les bras bien étirés, le dos plat. Inspirez et cambrez votre dos : c'est Bitilasana, la posture de la vache 4 . Expirez, regardez vers votre ventre et faites le dos complètement rond en voûtant bien les épaules : c'est Marjariasana, la posture du chat 5 . Répétez lentement 10 fois, en synchronisant la respiration avec le mouvement.

Le mouvement lent de passage entre ces deux postures aide à masser doucement les organes abdominaux et facilite la circulation à cet endroit. Il aide aussi à étendre légèrement la colonne vertébrale et à en diminuer les tensions qui peuvent entraver la digestion.

6. VIRASANA

C'est la posture du héros. Mettez-vous sur les genoux, les doigts de pieds pointant derrière vous, puis asseyez-vous doucement entre vos talons, avec les genoux joints devant. Si c'est trop intense, vous pouvez glisser une couverture sous vos fesses.

Non seulement cette posture soulage la sensation de lourdeur dans le ventre, causée par des ballonnements, mais elle stimule également les points sur le méridien du ventre (points d'acupuncture), qui vont des doigts de pieds au sommet de la cuisse, en passant par le centre de la jambe.

Tarte automnale

Pour 4 à 8 personnes

Pour la pâte

60 g + 2 c. à soupe de farine de pois chiches • 30 g de poudre d'amandes ♥ (page 36) • 2 c. à soupe de poudre d'arrow-root • 1 c. à café de thym frais • 1 c. à café de romarin frais • environ 3 c. à soupe d'eau froide • 2 c. à soupe d'huile de coco ♥ • Sel

Pour la garniture de légumes

1 oignon rouge • 50 g de topinambours • 2 carottes ♥ • 1 tranche de courge butternut • ½ chou-fleur • 2 poignées d'épinards • 1 panais • 1 tranche de céleri-rave • 1 c. à soupe d'huile de coco ♥ • Sel et poivre

POUR PRÉPARER LES LÉGUMES

Faites chauffer l'huile de coco quelques secondes dans une poêle à feu moyen, pour la rendre liquide. Faites préchauffer le four à 180 °C.

Épluchez et taillez les légumes en cubes de 2 cm, et mélangez-les avec l'huile de coco liquide et 1 pincée de sel. Gardez 2 ou 3 feuilles d'épinards pour la décoration finale. Placez le tout au four, dans un plat adapté, et laissez cuire 30 à 40 minutes.

POUR FAIRE LA PÂTE

Mélangez dans un saladier la farine de pois chiches, la poudre d'amandes, 1 pincée de sel et de poivre, le thym, le romarin et la poudre d'arrow-root. Puis ajoutez l'huile de coco liquide et l'eau froide, et mélangez à nouveau à la fourchette jusqu'à obtenir une pâte épaisse. La pâte doit être souple, ne pas coller ni être trop molle.

Formez une boule avec la pâte puis couvrez de film alimentaire et laissez-la reposer ½ heure au frais. Pour les impatientes : 5 à 10 minutes au congélateur peuvent aussi faire l'affaire !

Après ce temps de repos, étalez la pâte et placez-la dans un moule à tarte sans oublier de faire quelques trous avec une fourchette, pour qu'elle puisse respirer et cuire sans faire de cloques. Placez au four, toujours à 180 °C, et laissez cuire environ 15 minutes.

ASSEMBLAGE DE LA TARTE

Une fois que le fond de tarte et les légumes sont cuits, garnissez la pâte avec les légumes et ajoutez quelques feuilles d'épinards crus : ils cuiront légèrement sur la tarte chaude.

Servez directement avec une salade verte, arrosée d'huile de noix, de vinaigre de cidre et de persil plat.

Suggestion Cette tarte est délicieuse avec une profusion de légumes et donc de saveurs, mais si vous ne voulez pas tout mettre, choisissez-en au moins quatre, ça fonctionne aussi !

Poivrons farcis au quinoa

Pour 2 entrées ou un plat complet

Pour la farce

50 g de quinoa ♥ • *2 poignées d'épinards* • *2 carottes de taille moyennes* ♥ • *1 branche de céleri* • *3 tomates séchées* • *2 grosses poignées de brocolis* • *2 gousses d'ail* • *1 oignon rouge* • *2 c. à soupe d'herbes (basilic, persil, etc.)* • *1 c. à café d'origan* • *1 c. à café de tamari* • *2 c. à soupe d'huile de coco* ♥ • *1 pincée de poivre de Cayenne* • *Sel*

Pour les poivrons

2 poivrons rouges • *1 c. à soupe d'huile de coco* ♥

POUR FAIRE LA FARCE

Faites cuire le quinoa en suivant les conseils que je vous indique aux pages 38-39.

Épluchez et coupez les carottes en petits cubes d'1 cm. Nettoyez et coupez le céleri et les brocolis. Pelez et hachez l'ail et l'oignon.

Faites revenir l'ail et l'oignon 1 à 2 minutes à la poêle à feu moyen avec l'huile de coco, et ajoutez ensuite les carottes, le céleri et le brocoli. Laissez cuire quelques minutes, puis ajoutez les épinards dans les dernières secondes, pour les cuire très légèrement.

Mélangez le tout dans un récipient avec le quinoa, les herbes, l'origan et le tamari.

LE POIVRE DE CAYENNE : MON PRÉFÉRÉ !

Le poivre de Cayenne donne un agréable goût piquant à tous les plats. Il soulage les douleurs physiques comme l'arthrose, participe à la détoxication, renforce le métabolisme, stimule la digestion en aidant à la sécrétion des enzymes, contribue à combattre le rhume et les mauvaises bactéries et peut augmenter l'appétit de celles qui n'en ont pas. C'est le poivre que je vous conseille en priorité pour tous les plats, mais il peut aussi être remplacé par du poivre noir plus basique... Bien que dans certaines recettes, comme celle-ci, il est plus que conseillé.

POUR PRÉPARER LES POIVRONS

Faites chauffer le four à 180 °C. Guillotinez les poivrons (coupez-leur la tête !) et videz l'intérieur délicatement en retirant les graines et la membrane blanche pour garder des « poches » de poivron intactes.

Garnissez les poivrons avec le mélange quinoa-légumes, puis faites cuire au four sur une plaque « beurrée » à l'huile de coco, pendant une ½ heure environ.

Servez sur un lit de salade verte.

Macaroni & cheese à la Green

Pour 2 adultes ou 3 ou 4 enfants

2 tasses de pâtes, macaronis de préférence (sans gluten – vous en trouverez au quinoa, au sarrasin ou au maïs) • 1 courge butternut de petite taille • 2 c. à soupe de levure de bière • 1 c. à soupe d'huile d'olive • 1 c. à soupe d'huile de coco ♥ • 1 gousse d'ail • 2 c. à café de miso ♥ • Sel et poivre

En option, pour la touche finale

3 c. à soupe de giboulée d'amandes ♥ (page 27) • 3 grosses poignées de pousses d'épinards • 1 filet d'huile de truffe

Épluchez et coupez la courge butternut en cubes de 3 cm (voir page 147), puis faites-la cuire 7 à 10 minutes à la vapeur. Vous devez pouvoir la percer facilement avec une fourchette. Pelez l'ail. Mixez la courge et tous les autres ingrédients sauf les pâtes dans un blender, jusqu'à obtention d'une préparation crémeuse.

Faites cuire les pâtes. Ensuite, noyez-les de sauce (c'est le principe du macaroni & cheese !). Salez et poivrez selon votre goût. Saupoudrez de giboulée d'amandes avant de servir.

EN OPTION

Sur les pâtes cuites, ajoutez les épinards crus, puis versez aussitôt la sauce bien chaude, qui les fera ramollir légèrement. Arrosez d'huile de truffe.

Suggestion N'hésitez pas à faire plus de sauce butternut ! Elle sera facilement réutilisable, les jours suivants, avec des pâtes ou des céréales comme le quinoa, le millet, le riz complet, le sarrasin… Vous pouvez également la consommer froide en accompagnement de salades ou de crudités.

Soba : so good !

Pour 1 personne

50 g de nouilles de soba sèches • 1 poivron rouge • 2 grosses carottes ❤ • 2 c. à café d'huile de sésame toasté • Le jus d'1 citron ❤ • 1 c. à café de tamari • 2 c. à café de miso ❤ • 1 c. à soupe de ciboulette • 2 c. à soupe de graines de sésame toastées (ou de gomasio maison, page 28)

En option

½ avocat ❤

Faites cuire à l'eau bouillante les nouilles de soba en suivant les consignes précisées sur l'emballage. Pendant ce temps, épluchez et râpez la carotte. Nettoyez le poivron en ôtant ses graines et sa membrane blanche, avant de le couper en morceaux.

Dans un récipient, mélangez les huiles, le tamari, le jus de citron et le miso, puis ajoutez les nouilles et mélangez. Ajoutez les légumes et mélangez à nouveau. Avant de servir, saupoudrez de ciboulette et de graines de sésame ou de gomasio.

EN OPTION

Épluchez et tranchez finement l'avocat, puis déposez les tranches en éventail à côté des nouilles, sur une assiette.

D'origine japonaise, les nouilles de soba sont à base de farine de sarrasin, donc sans gluten. Riches en protéines, elles se mangent chaudes ou froides, mais j'ai un petit faible pour la version froide, en salade. C'est un déjeuner parfait à apporter au bureau dans son petit bento.

LE SARRASIN : CÉRÉALE OR NOT CÉRÉALE ?

Le sarrasin, autrement appelé blé noir, n'est en fait pas du blé. Ce n'est même pas une céréale… Quel petit farceur : il ressemble à une céréale, il se consomme comme une céréale, mais il s'agit en fait d'une plante, de la même famille que la rhubarbe. Outre sa grande qualité d'avoir donc tout de la céréale, sans le gluten, le sarrasin est très bon pour le système nerveux, la peau et le système digestif.

Falafels aux patates douces

Pour 1 personne

120 g de farine de pois chiches • 1 grosse patate douce ♥ • 2 gousses d'ail • Le jus d'1 citron ♥ • 1 c. à soupe de graines de sésame (ou 1 c. à soupe de pignons de pin) • 1 poignée de persil plat • 1 poignée de coriandre fraîche • 1 c. à café de cumin en poudre • 1 c. à café de coriandre en poudre • 1 c. à soupe d'huile de coco ♥ • Sel et poivre (de Cayenne de préférence)

Préchauffez le four à 180 °C.

Épluchez et coupez la patate douce en petits dés, puis faites-la cuire à la vapeur 10 à 15 minutes. Une fois qu'elle est bien ramollie, écrasez-la avec une fourchette pour en faire une purée grossière.

Pelez et hachez l'ail finement.

Mélangez la farine de pois chiches, les épices, l'ail et le jus de citron, avec une pincée de sel et de poivre. Associez le tout à la patate douce pour en faire une pâte : pétrissez et mélangez bien tous les ingrédients. Si besoin, ajoutez un peu d'eau ; la pâte doit être molle et un peu collante.

♥ Best Friend Food : la patate douce

Ô *sweet sweet potato*… Ô douce, douce, patate… Désolée, ça rend nettement moins bien en français ! Malgré son délicieux goût sucré, la patate douce ne fait pas grossir. Bon, comme tout glucide, il ne faut pas en abuser, mais elle a un indice glycémique plus faible que la pomme de terre, ce qui en fait une copine à ne pas oublier. Et puis, cette patate-là est… douce pour les intestins (c'est un bon anti-inflammatoire), douce pour la peau (avec le bêta-carotène) et, pour aller plus vite, douce pour tout le corps (c'est une manne de nutriments indispensables, d'antioxydants, de vitamines, de minéraux et de fibres).

Choisissez-les avec une chair la plus foncée possible, car ce sont elles qui sont les plus riches en antioxydants. Moi, je vis d'amour et de patate douce… et vous ?

Formez des boules de la taille d'une noix avec les mains. Un petit truc : trempez vos mains dans un bol de glaçons avec un peu d'eau avant de toucher à la pâte, elle collera moins !

Ensuite, roulez les boules dans les graines de sésame pour les recouvrir, et disposez-les sur une plaque « beurrée » à l'huile de coco.

Faites cuire au four pendant 20 minutes. En cours de cuisson, tournez-les de temps en temps pour que les falafels soient bien saisis partout.

Suggestion La sauce tahini (page 29) se marie très bien avec ces falafels ! Mélangez-la à vos boulettes et à quelques crudités, le tout enfoui dans un pain pita bien chaud — ou encore mieux du pain sans gluten, ou encore encore mieux dans une feuille de romaine — et vous aurez le meilleur sandwich au falafel du monde !

Bon à savoir Le falafel est un délice originaire du Proche-Orient, connu sous forme de boulettes de pois chiches ou de fèves, frites dans l'huile. À part cette dernière étape « friture », le falafel est naturellement très sain. Cette version green permet de profiter de ses bienfaits sans forcer sur les calories !

Courge spaghetti puttanesca

Pour 2 personnes

1 courge spaghetti

Pour la sauce puttanesca

1 poireau • 4 grosses tomates fraîches • 4 tomates séchées • 2 gousses d'ail • 1 oignon rouge • 2 c. à soupe d'huile d'olive • 1 datte dénoyautée • 5 olives noires • 4 c. à soupe de basilic frais • 2 c. à soupe de persil plat frais • ½ c. à café d'origan (frais ou s&xh&) • Sel • 1 à 2 c. à soupe de giboulée d'amandes ♥ (page 27)

POUR CUIRE LA COURGE

Faites préchauffer le four à 180 °C. Coupez la courge en deux, enlevez les graines. Mettez les deux moitiés sur une plaque, côté peau vers le grill, côté chair vers le bas, avec un peu d'eau pour que ça ne colle pas. Faites cuire au four pendant 45 minutes, jusqu'à ce qu'elle soit bien tendre et moelleuse quand on y plante un couteau.

POUR FAIRE LA SAUCE

Faites tremper (séparément) la datte et les tomates séchées pendant 5 minutes dans l'eau chaude pour les ramollir, puis coupez-les en tous petits morceaux.

Nettoyez le poireau et ne gardez que la partie blanche, débarrassée de ses racines, puis débitez-le en tranches fines d'1 cm.

Coupez les tomates en morceaux. Pelez et coupez l'ail et l'oignon en petits dés.

LA COURGE : L'ÉGÉRIE DE L'AUTOMNE

La courge contient des glucides anti-inflammatoires et aide à régler le niveau de sucre dans le sang. Grâce à l'alpha-carotène et de la bêta-carotène, elle est riche en vitamines A, C, B6, K et en minéraux dont le manganèse, le potassium, le cuivre ou le magnésium. Servez avec une salade verte pour booster les enzymes qui vous aideront à la digérer.

Dans une poêle, faites revenir à l'huile d'olive, à très basse température, les poireaux, l'oignon et l'ail 3 ou 4 minutes. Ajoutez les tomates fraîches, les tomates séchées, la datte, les olives, le basilic, le persil, l'origan et 1 pincée de sel. Laissez cuire quelques minutes.

Mettez la moitié du mélange dans un blender et mixez jusqu'à obtenir une préparation bien lisse que vous incorporez aux ingrédients non mixés, pour faire une sauce généreuse.

Une fois la courge cuite, disposez chaque moitié sur une assiette, puis nappez-la de sauce. Avant de servir, saupoudrez de giboulée d'amandes et rajoutez plus d'olives si vous le souhaitez.

Pour déguster, il vous suffit donc de planter votre fourchette et de tourner, ça vient tout seul !

Mushroom madness

Pour 1 personne
50 g de sarrasin (ou de kasha, du sarrasin toasté) • 200 g de champignons de saison, au choix • 1 poignée de pousses d'épinards • 1 oignon rouge • 1 gousse d'ail • 1 c. à soupe d'huile de coco ♥ • 1 c. à soupe de persil plat • Sel et poivre • 2-3 c. à soupe de pesto au persil (page 31)

Faites cuire le sarrasin à feu doux dans deux fois son volume d'eau jusqu'à ce qu'il soit tendre sans devenir mou, soit 14 à 20 minutes.

Préparez vos champignons (lavez-les bien !), et coupez-les en morceaux (si vous avez des girolles, gardez-les entières). Pelez et hachez l'ail et l'oignon.

Dans une poêle, faites revenir dans l'huile de coco l'oignon et l'ail, jusqu'à ce que les oignons deviennent translucides. Ajoutez les champignons, et laissez cuire environ 5 minutes, puis ajoutez le sarrasin ou le kasha, et faites poêler encore 5 à 7 minutes.

Sortez du feu, et dans un récipient mélangez la poêlée avec les pousses d'épinards et le pesto. Les épinards vont cuire naturellement au contact des champignons. Salez et poivrez selon votre goût. Garnissez de persil. Servez chaud ou froid.

LE CHAMPIGNON : UN VRAI AMI !

Il est délicieux, c'est l'un des aliments les moins caloriques qui existent, et en plus il est riche en fibres... Donc un partenaire minceur idéal, qui ne fait pas grossir et qui nourrit. C'est aussi une bonne source en vitamine D, et un allié pour renforcer le système immunitaire.

En fait, il est difficile de parler du champignon, parce qu'il y a des champignons. Goût, texture, mode de cuisson mais aussi profil nutritionnel, chaque espèce a son identité propre. Il existe tellement de variétés différentes que je ne peux pas tout vous expliquer ! Donc voici juste la liste de ceux que je vous conseille, pour leur saveur et leurs vertus : champignons de Paris, champignons blancs, portobello, shiitake, pleurotes, girolles, porcini, trompettes-de-la-mort, reishi (gros gros succès aux USA ces derniers temps !)...

Sushis sans soucis

Pour 1 personne
1 feuille de nori ♥ *(cru de préférence, c'est-à-dire noir)*

Pour la garniture
1 carotte ♥ • *1 concombre* • *1 avocat* ♥ • *1 poivron rouge* • *1 poignée de jeunes pousses* • *2 c. à café de ciboulette ciselée*

Pour le « riz »
1 radis blanc ou daikon (ou bien 1 panais ou 1 gros navet) • 2 c. à soupe de tahini (purée de sésame) ou de purée d'amande ♥ *(page 36) • 1 c. à soupe de pâte de miso blanc* ♥ *• 1 c. à café de gingembre frais* ♥ *• 1 c. à café de tamari • Le jus d'1 citron* ♥

En option, pour un petit goût sucré
1 datte dénoyautée

POUR FAIRE LA GARNITURE

Épluchez et tranchez finement le concombre et l'avocat ; épluchez et râpez la carotte ; nettoyez le poivron de ses pépins et membrane blanche, et émincez-le finement.

♥ Best Friend Food : les algues

Aujourd'hui je comprends pourquoi Ariel la petite sirène a une peau magnifique : les algues ! Eh oui, derrière leurs airs dégoulinants et un peu moches, les algues sont pleines de ressources : elles rendent la peau éclatante et infusent dans tout le corps une concentration de vitamines, de protéines, de fibres, d'oméga-3, et de minéraux essentiels (iode, potassium, fer, calcium...). Ariel leur doit aussi sa ligne parfaite car elles aident à éliminer les métaux lourds du corps, à réduire la rétention d'eau et à perdre du poids. Riches en chlorophylle, vos nouvelles amies augmentent la production de cellules de sang, favorisent la circulation, donnent de l'oxygène au corps, contribuent à la détoxification et vous permettront de rencontrer votre Prince charmant après un terrible naufrage. *No, okay*, ça ce n'est pas vrai, mais on ne peut pas tout avoir non plus !

POUR FAIRE LE « RIZ »

Épluchez, et coupez le radis, le panais ou le navet en dés, puis mixez-le dans un robot. Ajoutez ensuite les autres ingrédients du « riz », avec si vous le souhaitez la datte, et mixez à nouveau jusqu'à ce que le tout ressemble à du riz cuit.

POUR FAIRE LES SUSHIS

Étape 1 Couchez une feuille de nori sur une assiette. Étalez dessus une couche généreuse de « riz » (en laissant une bordure de feuille de nori de 2 cm non recouverte).

Étape 2 Ajoutez au centre du riz étalé, dans l'ordre : les légumes, les jeunes pousses, l'avocat et la ciboulette.

Étape 3 Roulez le nori pour le fermer sur la garniture, depuis le côté recouvert de « riz » vers la bordure non recouverte. Conseil : humidifiez vos doigts, ça adhérera mieux !

Étape 4 Coupez en tranches fines de 2 ou 3 cm.

Suggestion Accompagnez vos sushis d'une petite sauce à tremper, préparée avec 1 c. à café de tamari, 2 c. à café d'huile de sésame toasté, ½ c. à café de gingembre haché et le jus d'un citron. Pour les amatrices, le wasabi est permis !

LE DAIKON : DÉCOUVREZ LE RADIS JAPONAIS !

Le radis blanc, alias daikon, est d'origine asiatique. Il est utilisé comme médicament depuis des générations par de nombreuses populations. Le daikon est peu calorique et plein d'eau, riche en vitamines B et C, en calcium, en potassium et en fibres. Il est parfait pour les estomacs fragiles.

Étape 1   *Étape 2*

Étape 3   *Étape 4*

Mon kitchari aux lentilles corail

Pour 2 personnes
50 ml de lait de coco ♥ (page 22) • 50 g de lentilles corail • 2 carottes ♥ • 1 patate douce ♥ • ½ oignon rouge • 2 gousses d'ail • ½ c. à café de curcuma ♥ • 1 c. à café de curry en poudre • 1 c. à café de gingembre frais ♥ (ou ¼ c. à café en poudre) • 1 c. à soupe d'huile de coco ♥ • ½ c. à café de sel • 1 pincée de poivre de Cayenne

En garniture
Persil et coriandre frais, hachés

Épluchez et coupez les carottes, la patate douce et l'oignon en petits dés. Pelez et hachez l'ail et l'oignon.

Dans une casserole, faites chauffer l'huile de coco à feu moyen puis jetez-y l'ail et l'oignon, mélangez et laissez cuire environ 1 minute, jusqu'à ce que les oignons deviennent translucides. Ajoutez les carottes, la patate douce et les lentilles, et mélangez. Puis ajoutez les épices et une pincée de sel, puis mélangez à nouveau. Versez enfin le lait, baissez le feu et couvrez.

Laissez cuire 15 minutes environ, jusqu'à ce que les lentilles rouges soient cuites : goûtez pour voir si la cuisson vous convient.

Servez votre kitchari tout chaud, sur un lit de riz complet, saupoudré de persil et coriandre.

Pour en faire une soupe Ajoutez plus de liquide à votre préparation et mixez-la dans un blender, jusqu'à obtenir la consistance souhaitée. Se conserve au frigo pendant 2 ou 3 jours.

Lentilles à la betterave

Pour 2 personnes
100 g de lentilles du Puy • 1 betterave • 2 grosses poignées de roquette • 2 c. à soupe de persil plat frais • 2 c. à soupe de raisins secs • 2 c. à soupe de noix ♥

Pour la sauce vinaigrette pomme-noix
1 c. à soupe de vinaigre de cidre • 2 c. à soupe d'huile d'olive • 1 c. à soupe d'huile de noix ♥ • 2 c. à café de moutarde de Dijon • ½ c. à soupe de sirop d'érable (ou de miel) • Sel

En option : mélange d'épices automnales
8 c. à café de cardamome • 1 pincée de cumin • 1 pincée de curcuma ♥ • 1 pincée de coriandre • 1 pincée de clou de girofle • 1 pincée de cannelle • 1 pincée de noix de muscade râpée • 1 pincée de gingembre ♥ • 1 pincée de poivre de Cayenne

Faites cuire les lentilles en suivant les instructions de cuisson des pages 38-39.

Préparez la sauce en mélangeant tous les ingrédients, avec 1 pincée de sel (et le mélange d'épices si vous l'utilisez). Mélangez la roquette avec la vinaigrette. Épluchez et coupez la betterave en dés de 2 cm, puis faites-la cuire à la vapeur pendant 15 à 20 minutes. Pendant ce temps, passer les noix quelques minutes dans une casserole chauffée à feu doux, pour les griller légèrement.

Mélangez les morceaux de betterave avec la roquette, les lentilles, le persil. Parsemez avec les noix et raisins secs. Juste avant de déguster, versez la sauce sur les lentilles et mélangez.

LES LENTILLES : LES REINES DES PROTÉINES VÉGÉTALES

Les lentilles sont des légumineuses très riches en macronutriments : glucides, lipides, et surtout, protéines. En fait, elles constituent une des meilleures sources de protéines végétales. Elles sont aussi riches en minéraux dont le potassium, le phosphore, le calcium, le zinc et le magnésium. Elles contiennent un paquet de fibres aussi, c'est pour ça qu'après un repas aux lentilles, on est rassasié pendant des heures ! Les lentilles corail sont plus faciles à digérer, mais elles sont aussi nourrissantes et consistantes, riches en protéines et en fibres.

Muesli miraculeux pour le petit-déjeuner

Pour 1 personne
150 ml de jus de pomme ♥ • 40 g de flocons d'avoine • 1 c. à soupe d'amandes ♥ • 1 c. à soupe de noix ♥ • 1 c. à soupe de graines de courge • 1 pincée de cannelle • 1 c. à soupe de raisins secs • 1 banane ♥

Concassez les amandes et noix. Mélangez-les avec les autres ingrédients, sauf la banane, dans un bol pour former un muesli. Puis faites-lui passer la nuit dans votre réfrigérateur, ça lui fera le plus grand bien ! Il va gonfler et se transformer miraculeusement en une crème épaisse et nourrissante.

Le matin, avant de servir, épluchez et découpez la banane en fines tranches, que vous allez noyer dans le bol.

Variantes Le jus de pomme peut être remplacé par un lait végétal au choix (pages 22-23), et les flocons d'avoine par des flocons au sarrasin, au quinoa, au riz, etc., ou encore par des graines de sarrasin. Les noix, épices « sucrées » (cardamome, cannelle, clou de girofle, lucuma ou caroube) et fruits secs peuvent être tous utilisés. Vous pouvez garnir avec 1 ou 2 cuillerées à soupe de yaourt coco (page 180). Enfin, la banane peut se transformer, selon les saisons, en pomme, en fraise ou en myrtille...

American pancakes au sarrasin

Pour 8 pancakes

250 ml de lait d'amande ♥ (page 22) • 50 g de farine de sarrasin • 50 g de farine de riz complet • Le jus d'1 citron ♥ • 2 c. à soupe d'huile de coco ♥ • 1 c. à soupe de sirop d'érable • 1 c. à café de levure chimique • Sel

Creamy sauce

2 c. à soupe de purée d'amande blanche ♥ • 1 c. à soupe de sirop d'érable • 1 c. à soupe d'eau

Fruity sauce

1 tasse de fruits de saison (fraises, myrtilles, pêches, figues, cerises, pommes ♥, poires…) • le jus d'1 citron ♥ • 1 pincée de cannelle • 1 pincée de vanille en poudre

Garniture de fruits

quelques fruits de saison, épluchés et tranchés finement • 1 pincée de cannelle • 1 poignée d'amandes effilées ♥

POUR FAIRE LES PANCAKES

Mettez l'huile de coco à chauffer quelques minutes dans une poêle à feu doux, pour la rendre liquide.

Mélangez-en une moitié avec les deux farines, la levure, le sirop d'érable, le jus de citron et le lait d'amande, avec 1 pincée de sel. Mélangez bien à l'aide d'une cuillère, jusqu'à obtenir une pâte homogène, liquide, mais un peu épaisse.

Dans une poêle à feu moyen, versez le reste d'huile, posez un cercle à pâtisserie de 5 à 10 cm de diamètre dans la poêle, puis versez de la pâte à l'intérieur. Les pancakes doivent être un peu plus épais et gonflés que des crêpes. Laissez cuire environ 2 minutes, jusqu'à ce que des bulles se forment en surface et que le pancake soit assez ferme. Retirez alors le cercle, puis retournez le pancake pour bien le cuire des deux côtés.

Retirez du feu lorsque votre pancake est légèrement brun. Renouvelez l'opération pour chaque pancake jusqu'à ce qu'il ne reste plus de pâte.

POUR FAIRE LES GARNITURES

Mélangez les ingrédients avec une cuillère. Passez la *fruity sauce* au blender pour avoir une consistance lisse.

Pour servir, mettez sur vos pancakes un peu de fruits, la pincée de cannelle et les amandes, puis nappez l'ensemble avec la sauce de votre choix.

En option

Ajoutez sur le côté de l'assiette un petit pot de beurre green, au choix parmi les recettes proposées page 26.

Ma tarte aux pommes façon tatin

Pour 1 tarte
1 portion de sauce « caramel » (page 34)

Pour la pâte
60 g de farine de pois chiches • 30 g de poudre d'amandes ♥ (page 36) • 2 c. à soupe de poudre d'arrow-root • 1 c. à café de cannelle • 3 c. à soupe d'huile de coco ♥ • 3 c. à soupe d'eau • Sel

Pour la garniture
4 pommes ♥ • 1 c. à café de cannelle • 1 c. à café de gingembre frais ♥ • 2 c. à café d'arrow-root • 1 c. à café de vanille en poudre • Le jus d'1 citron ♥

POUR FAIRE LA PÂTE

Faites chauffer l'huile de coco quelques secondes dans une poêle à feu moyen, pour la rendre liquide. Faites préchauffer le four à 180 °C.

Mettez la farine de pois chiches, la poudre d'amandes, la poudre d'arrow-root et la cannelle dans un récipient avec une pincée de sel, puis ajoutez l'huile de coco liquide et l'eau : mélangez bien jusqu'à obtenir une pâte. Recouvrez d'un film plastique et laissez reposer au frais pendant 30 minutes environ.

Étalez la pâte et mettez-la dans un moule à tarte, sans oublier de faire quelques trous à la fourchette par-ci par-là, pour qu'elle « respire ». Faites cuire au four pendant 15 minutes, le temps de préparer la garniture.

POUR FAIRE LA GARNITURE

Épluchez et coupez les pommes en morceaux. Épluchez et râpez le gingembre. Jetez les ingrédients dans une casserole, couvrez et laisser cuire à feu doux jusqu'à ce que les pommes soient bien moelleuses. Écrasez le tout avec une fourchette.

Versez la compote sur la pâte à tarte. Versez la sauce « caramel » sur la garniture et faites cuire à nouveau quelques instants pour que ce soit bien chaud.

Pour la final touch Nappez votre part de tarte d'un peu de ma crème anglaise (page 35) ou accompagnez-la de yaourt coco (page 180).

Yaourt coco

Pour un bol

2 noix de coco jeunes ♥ • *½ c. à café de vanille en poudre* • *1 capsule de probiotiques (si vous n'en avez pas, 1 c. à café de jus de citron pour un léger goût « fermenté »)*

Mettez la noix de coco sur une planche à découper bien ferme et résistante. Percez à l'aide d'un couteau solide le sommet de la noix de coco, tout au milieu, pour en recueillir l'eau. Vous reconnaîtrez l'endroit où appuyer car il sera moins dur et s'ouvrira facilement sous la pression de la lame. Faites donc plusieurs essais en piquant le haut de la noix de coco jusqu'à ce que vous trouviez la partie molle.

Mettez de côté la moitié de l'eau, et buvez l'autre ! Prenez la noix de coco dans la paume de la main, sommet vers le haut, et frappez-la à l'aide d'un marteau tout au long de sa circonférence en la faisant tourner dans votre main. Lorsque vous aurez fait le tour, ou presque, vous pourrez finir de l'ouvrir à la main sans trop de difficulté.

♥ Best Friend Food : la noix de coco jeune

La noix de coco est un aliment détox extraordinaire : elle booste le système immunitaire, facilite la digestion et possède de grandes vertus antioxydantes. Riche en fibres, en protéines et en « bonnes » matières grasses, elle donne de l'énergie, facilite le transit intestinal, fait briller la peau et aide la circulation du sang.

Bon, on ne va pas se mentir : être jeune, c'est mieux. On est plus souple, plus énergique, notre peau est plus douce... Eh bien, c'est pareil pour les noix de coco. La noix de coco jeune est une noix de coco qui n'est pas entièrement développée. Sa chair est bien plus tendre que celle de son aînée, assez gélatineuse, plus facile à travailler. Elle contient également plus d'eau et, ça tombe bien, cette eau est l'une des meilleures sources d'hydratation naturelle au monde, qui de plus est très riche en potassium et en électrolytes. Mais la noix de coco jeune est vraiment un luxe : elle est chère et pas évidente à trouver. Si vous ne vivez pas en Thaïlande ou à Hawaï, essayez dans les magasins de produits asiatiques ou sur Internet sur orkos.fr

Récupérez la chair avec une cuillère. Elle doit être très moelleuse et lisse. Sa consistance dépend de la maturité de la noix de coco : plus elle est mûre, plus elle est dure. Si la chair est un peu trop dure, pas de problème, ajoutez simplement un peu plus d'eau de coco ou d'eau.

Mixez la chair et l'eau de coco dans un blender avec la vanille. Ouvrez la capsule de probiotiques et versez la poudre dans le blender. Mixez jusqu'à obtenir une préparation lisse.

Versez la préparation dans un bol recouvert d'une étamine à fromage (ou tout autre tissu fin propre), puis laissez reposer entre 3 heures (minimum !) et une douzaine d'heures à température ambiante, pour laisser le temps aux probiotiques de commencer à se réveiller et à agir. Puis, gardez au frais jusqu'à consommation. Le yaourt coco se garde plusieurs jours dans le frigo.

Suggestion Mangez votre yaourt coco au petit déjeuner, mélangé avec du granola (pages 64-66), une compote de saison ou des fruits frais. Vous pouvez également utiliser votre yaourt comme une crème pour napper vos desserts ou dans vos smoothies pour les rendre encore plus crémeux.

RECETTE BEAUTÉ
Soin pour les cheveux à la noix de coco

La noix de coco est idéale pour nourrir, adoucir et réparer le cuir chevelu.

Versez dans une bouteille 1 verre de lait de coco ♥ (page 22), 1 c. à soupe d'huile d'amande ♥ ou d'huile d'olive et Quelques gouttes d'huile essentielle au choix (menthe poivrée, lavande…). Agitez bien pour tout mélanger.

Appliquez sur vos cheveux propres encore humides, après la douche : massez quelques secondes pour bien répartir le liquide sur tout le cuir chevelu, et laissez poser une demi-heure. Rincez abondamment à l'eau claire.

Beautiful brownies

Pour environ 10 petits brownies

100 g de noix ♥ • 50 g d'amandes ♥ • 2 c. à soupe de noix de pécan ♥ • 100 g de dattes dénoyautées • 1 c. à café de vanille en poudre • 1 c. à café de cannelle en poudre • 4 c. à soupe de cacao en poudre ♥ • Sel

Pour le glaçage

1 avocat ♥ • ½ banane ♥ • 1 c. à soupe d'huile de coco ♥ • 1 c. à soupe de cacao en poudre ♥ • Sel

En option

1 c. à café de caroube du Pérou en poudre

POUR FAIRE LES BROWNIES

Trempez les dattes si besoin pour qu'elles soient bien molles.

Broyez les noix et les amandes dans un robot culinaire avec la lame en forme de S jusqu'à obtenir une farine. Une fois la farine prête, ajoutez les dattes, la vanille en poudre, la cannelle et le cacao en poudre, et 1 une pincée de sel : mixez à nouveau jusqu'à obtenir la consistance d'une pâte à biscuits homogène.

Placez la pâte dans un récipient, ajoutez des éclats de noix de pécan (gardez-en un peu pour la déco), et pétrissez pour que tout se mélange.

Formez des boules à la main. Aplatissez chacune des boules et placez-les dans des petits moules à brownies ou formez des petits carrés à la main d'une épaisseur de 2 à 3 cm.

POUR FAIRE LE GLAÇAGE

Épluchez et coupez l'avocat et la banane en morceaux. Mettez-les avec l'huile de coco et 1 pincée de sel dans un blender. Mixez jusqu'à ce que le mélange soit crémeux.

Badigeonnez avec une spatule ou à la cuillère les brownies de glaçage et parsemez de quelques noix de pécan. Puis, toujours dans leurs moules, mettez-les au frais quelques heures pour qu'ils durcissent. Pour aller plus vite, le congélateur est permis !

VARIANTES

Brownies acidulés : ajoutez à la préparation avant de mixer, 1 c. à soupe de jus d'orange, 1 c. à soupe de jus de citron. Parsemez de zestes d'orange et de citron.

Fruity brownies : à la place du glaçage, accompagnez vos brownies d'un coulis de fruits rouges et baies de goji (page 35).

Crazy brownies : dans la pâte déjà mixée, mélangez aux noix de pécan quelques pépites de cacao, de la noix de coco râpée, des baies de goji.

Chocolats au caramel d'amandes

Pour 4 personnes
Pour la garniture
3 c. à soupe de purée d'amande ❤ (page 36) • ¼ c. à café de vanille en poudre • Sel

Pour la robe de chocolat
2 c. à soupe de cacao en poudre ❤ • 2 c. à soupe d'huile de coco ❤ • 1 c. à soupe de miel (ou de sirop d'érable)

POUR FAIRE LA GARNITURE

Mélangez la purée d'amande avec la vanille et 1 petite pincée de sel.

POUR FAIRE LA ROBE DE CHOCOLAT

Mettez l'huile de coco à chauffer quelques secondes dans une casserole, pour la rendre liquide.

Mélangez l'huile avec le cacao et le miel (ou le sirop d'érable), et remuez bien à l'aide d'une cuillère jusqu'à obtenir une sauce liquide homogène.

Versez 1 cm de sauce dans les moules à muffins ou à cupcakes en nappant bien les bords, puis mettez-les au congélateur pendant au moins 5 minutes. Gardez le reste de la sauce.

Une fois le lit de chocolat durci dans chaque moule, mettez-y 1 cuillerée de garniture, puis recouvrez de sauce au chocolat non congelée.

Placez vos moules à nouveau au congélateur pendant une dizaine de minutes, jusqu'à ce que le chocolat soit dur. Retirez vos cups de leurs moules et... *enjoy* !

QUELQUES IDÉES POUR VARIER

Ajoutez une tranche de banane, de fraise, de framboise ou de cerise au centre de la confiserie, avec la garniture, avant de recouvrir de chocolat.

Mélangez la garniture avec 2 dattes trempées 10 minutes dans l'eau chaude et mixées, et 1 cuillerée à soupe de poudre de caroube ou de lucuma, pour faire un cœur au goût de caramel.

Magic cupcakes

Pour 6 à 8 cupcakes

Pour les cupcakes

100 ml d'eau • 75 g de poudre d'amandes ❤ (page 36) • 50 g de farine de pois chiches • 50 g de farine de riz complet • 1 c. à café de levure chimique (sans aluminium) • 2 c. à soupe de miel (ou de sirop d'érable ou sirop de yacon) • ½ c. à café de cannelle en poudre • 1 c. à soupe de graines de chia ❤ • Le jus de ½ citron ❤ (ou de ½ orange) • 1 c. à café de vanille en poudre (ou d'extrait de vanille liquide) • 2 c. à soupe d'huile de coco ❤ • Sel

Pour le glaçage

50 g de noix de cajou ❤ • 2 dattes dénoyautées • 2 c. à soupe de noix de coco râpée ❤ • Le jus d'1 citron ❤ • 1 à 2 c. à soupe d'eau • Sel

POUR FAIRE LES CUPCAKES

Faites préchauffer votre four à 180 °C. Dans un récipient, mélangez les graines de chia, l'eau, le miel (ou autre produit sucrant), l'huile de coco et 2 cuillerées à soupe de jus de citron ou d'orange. Puis laissez reposer 5 minutes environ. Mixez tout dans un blender.

Dans un récipient, mélangez la poudre d'amandes, les farines, la levure chimique, la cannelle, la vanille et une pincée de sel.

Puis, mélangez vos deux préparations, pour obtenir une pâte épaisse, mais un peu plus molle qu'une pâte à biscuits. Placez la pâte dans des moules à cupcakes ou à muffins, remplis aux trois-quarts. Mettez-les dans le four et faites cuire 15 à 20 minutes. Pour vérifier la cuisson, faites le test du couteau : quand on le pique dans un cupcake, il doit en sortir propre !

POUR FAIRE LE GLAÇAGE

Trempez les dattes et les noix (séparément) 5 minutes dans l'eau chaude pour les ramollir. Hachez les dattes grossièrement. Mélangez tous les ingrédients dans un blender, jusqu'à obtenir une préparation lisse et crémeuse.

Une fois les cupcakes cuits, laissez-les refroidir 10 minutes avant de les napper de glaçage.

Barres de céréales

Pour 12 barres environ

200 g de flocons d'avoine (ou de sarrasin, de quinoa ou de riz) • 150 g de fruits secs au choix (raisins, abricots...) • 50 g de noix ou d'amandes ♥ (ou de noix de pécan) • 40 g de noix de coco râpée ♥ • 30 g de graines de sésame • 3 bananes ♥ • 2 c. à café de cannelle en poudre • 1 c. à café de vanille en poudre (ou d'extrait de vanille) • 3 c. à soupe de sirop d'érable (ou miel, nectar de noix de coco ou sirop de yacon) • 2 c. à soupe de graines de chia ♥ (ou de graines de lin moulues) • 4 c. à soupe d'huile de coco ♥ • Sel

Faites préchauffer le four à 180 °C. Pendant ce temps, mettez à tremper les graines de chia ou de lin dans 4 cuillerées à soupe d'eau à température ambiante et laissez-les gonfler une dizaine de minutes jusqu'à ce qu'elles aient tout absorbé : vous obtenez une sorte de gelée.

Épluchez et coupez les bananes en rondelles.

Dans un grand saladier, mélangez tous les ingrédients secs avec une petite pincée de sel.

Mettez les bananes, l'huile de coco, le sirop d'érable (ou autre produit sucrant) et la gelée dans un blender. Mixez jusqu'à obtenir une préparation homogène. Mélangez ensuite à la main cette préparation avec le mélange d'ingrédients secs pour obtenir une pâte.

À l'aide d'une spatule, mettez la pâte dans un moule à gâteau carré. Il n'est pas utile de le beurrer, l'huile de coco mise dans la préparation l'empêchera de coller ! Faites cuire au four pendant 20-25 minutes, jusqu'à ce que les bords soient bien dorés.

Sortez le moule du four et laissez refroidir complètement, avant de couper la préparation en barres rectangulaires. Elles se garderont plusieurs jours au frais.

Les scones Green & Glam

Pour 1 personne

50 ml de lait d'amande ♥ (page 22) • 100 g de farine de flocons d'avoine (flocons d'avoine réduits en poudre au moulin ou au robot) • 50 g de farine de noix de coco ♥ (ou de noix de coco bien sèche, râpée très fin) • 40 g de sucre de coco ♥ • 40 g d'amandes effilées ♥ • 4 dattes dénoyautées • 3 c. à soupe de baies de goji • 1 c. à soupe de graines de lin • 1 c. à café de levure chimique (sans aluminium) • 1 c. à café de cannelle en poudre • 3 c. à soupe d'huile de coco ♥

Faites préchauffer le four à 180 °C. Trempez les dattes 5 minutes dans l'eau chaude pour les ramollir. Faites tremper les graines de lin dans 3 cuillerées à soupe d'eau à température ambiante, jusqu'à ce qu'elles gonflent et absorbent tout : vous obtenez une sorte de gelée.

Dans un grand récipient, mélangez les farines et la levure avec 1 pincée de sel. Puis ajoutez l'huile de coco et le sucre de coco, et mélangez le tout à l'aide d'un mixeur plongeant, pour en faire une sorte de crème au beurre. Ajoutez le lait d'amande et mixez à nouveau. Puis ajoutez la moitié des amandes et de la cannelle, et mixez à nouveau.

Mélangez le reste des amandes et de la cannelle avec la gelée de lin, puis versez l'ensemble dans la préparation, avec les baies de goji, et mixez encore. Vous devez obtenir une pâte très épaisse, comme une pâte à biscuits. Étalez la pâte et divisez-la en petits triangles.

Mettez ces derniers sur une plaque allant au four « beurrée » à l'huile de coco. Faites cuire à 180 °C pendant 12 minutes, jusqu'à ce que les scones soient un peu « bronzés ».

Suggestion Vous pouvez déguster vos scones avec du beurre gourmand (page 26) et une confiture de votre choix.

Hiver

L'hiver, c'est toujours la saison de Vata selon l'ayurvéda. Vata, c'est froid et sec et instable, il faut donc créer un équilibre avec le chaud, l'hydratation, et une stabilité dans son quotidien comme dans son alimentation. D'ailleurs, les légumes-racines, particulièrement présents en cette saison, sont faits pour ça : ce sont des racines qui nous permettent de rester sur terre, malgré le vent et l'air froid de l'hiver.

En hiver, il faut manger chaud : ça veut dire servir les aliments à une plus haute température, mais aussi ajouter des épices et des produits qui réchauffent le feu digestif. Dans la saison de Vata, il vaut mieux privilégier des aliments plus lourds ou plus gras, qui sont réconfortants pour le corps. Mangeons aussi des aliments salés et des algues : les saveurs salées détoxifient et améliorent la qualité du sang. Les préparations mixées sont bonnes en cette saison, pour aider le corps à en absorber tous les bienfaits, tout en ménageant le système digestif.

En hiver, il faut se reposer, réfléchir, conserver l'énergie qui est à son minimum, bien dormir et réduire le stress : hiberner éveillée. Et il est encore plus important de s'entourer de ses proches avec qui partager un peu de chaleur.

Pendant cette saison, il y a beaucoup moins de fruits et de légumes frais, mais cela ne veut pas dire que nos repas doivent être ennuyeux. Au contraire, avec juste quelques épices et quelques bonnes idées, vous pourrez redonner le sourire à vos assiettes ! Et comme c'est la saison des festivités et des petits plats dans les grands, vous trouverez quelques recettes idéales pour mettre du green dans vos repas de fête.

Ma playlist pour aimer (et s'aimer) en hiver

Higher Love JAMES VINCENT MCMORROW
Miracle MATISYAHU
Love Yourself AYO
I Will Wait MUMFORD & SONS
December COLLECTIVE SOUL
Crazy Love VAN MORRISON
Marry Me TRAIN
Always BON JOVI
Give Love MC YOGI

Les aliments de saison

- Les oranges
- Les choux de Bruxelles
- Les clémentines
- Les poireaux
- Les courges
- Les panais
- Les navets
- Le chou-fleur
- Le pamplemousse
- Le chou kale

Cocooner

En hiver, il fait froid, il fait sombre, on n'a qu'une envie : rester sous la couette. Oui, en hiver, on est moins active, la température de notre corps baisse, notre métabolisme ralentit et on a moins d'énergie. C'est normal. Le corps s'adapte aux saisons et en hiver, tout est plus lent.

Vive la comfort food !

Quand la nouvelle année s'éveille, on a tendance à vouloir corriger les excès de la longue et fastueuse période de fêtes qui vient de s'achever. Grosse erreur ! On entre au cœur de l'hiver, ce n'est pas le moment de « manger léger », ou vous aurez faim et froid toute la journée. À cette période, votre corps a besoin de repas riches, mais ça ne veut pas toujours dire en calories ! Voici quelques bonnes astuces pour vous nourrir sans trop d'excès. Allez, l'hiver, tu peux approcher, on n'a même pas peur !

L'huile de coco

- L'huile de coco est une graisse saturée qui…

- Graisse ? Saturée ? *Oh my god*, c'est la fin du monde !

- Je continue… Les graisses saturées sont indispensables à notre organisme. L'huile de coco est riche en acide laurique qui est très bénéfique au métabolisme, et qui se trouve aussi dans le lait maternel, figurez-vous.

- *Okay*, je me tais.

- Merci. En plus de ces acides gras, l'huile de coco est riche en potassium, magnésium, fer, phosphore, cuivre, zinc et en vitamines A et E. L'huile de coco est une alliée du système immunitaire car ces acides gras protègent contre les bactéries, les virus, les champignons…

L'huile de coco est une huile de cuisine parfaite : elle peut être chauffée à de très hautes températures sans que ses propriétés soient compromises. Elle ne risque pas de rancir ni de changer de structure.

Attention ! Il faut bien choisir son huile de coco. Préférez une huile vierge extra et pressée à froid. Et un petit truc : il faut que vous sentiez une légère odeur de noix de coco, et non une odeur… neutre (oui, ça existe !).

Good mood yoga

by Tara Stiles

Tara Stiles est une professeur de yoga — en fait, elle se définit plutôt comme un « guide » — qui a donné le sourire à New York, et sur YouTube, en initiant une tendance de « yoga rebelle ». Son message : *break the rules* et surtout infusez une énergie positive à tout ce que vous faites. Il est impossible de quitter un cours avec Tara sans avoir un large sourire dessiné sur le visage. Et à la maison vous transformerez votre *bad mood* en état de bonheur intense, avec juste quelques postures. Alors, suivez le guide !

www.tarastiles.com

Le yoga nous rappelle que l'on peut être *fun* même si on a oublié ce que c'est, à force d'être trop sérieux. Le yoga peut ramener de la joie dans votre vie. Trouver, éprouver et partager la joie, c'est le sens du yoga, et de la vie. La joie est en tout le monde, même en ceux qui n'y croient plus. Déplacez l'équilibre, changez de perspective, et amusez-vous !

Le yoga, ce n'est pas un supermédicament et je ne suis pas là pour faire sa « pub ». Mais je sais qu'on peut tous se sentir bien et qu'il suffit de s'ouvrir à ce qui est facile plutôt que de se crisper sur les tensions. Le yoga vous fait vous sentir libre, connectée, calme et confiante, et il crée un cycle vertueux.

Cette séance a été inventée pour vous faire vivre un bon moment. Donc, soyez prête à vous amuser. Pratiquez cette séance deux fois par semaine pour commencer, mais vous aurez envie de la faire tous les jours[1] !

---

1. Les textes de Tara Stiles viennent de son blog et de son livre *Le Yoga qui guérit*, Marabout, 2016.

1. LA DANSEUSE

En position debout, les pieds parallèles séparés de quelques centimètres, les épaules alignées avec les hanches, fermez les yeux. Inspirez par le nez et expirez par la bouche. Basculez votre poids sur la jambe gauche tendue. Pliez le genou droit, levez la jambe et prenez l'intérieur du mollet droit ou votre pied avec la main droite (par l'arrière). Allongez votre main gauche vers le ciel. Même si vous n'avez pas l'air d'une danseuse ce sera très bien ! Gardez une respiration longue, profonde et détendue, et laissez bouger votre corps avec facilité. Et puis, penchez-vous doucement et laissez-vous tomber par terre. Ça vous fera du bien ! Essayez cette posture plusieurs fois, côté gauche et côté droit, et jouez avec votre équilibre. N'oubliez pas de sourire et have fun !

2. LA FENTE DEBOUT

Partez en position debout et penchez-vous en avant pour poser le bout des doigts au sol juste un peu en avant des épaules. Levez la jambe droite, tête en bas ; laissez la jambe et la hanche s'ouvrir pendant ce mouvement. Cherchez à aligner le bout de vos doigts avec vos orteils. Libérez votre tête et votre nuque en les rapprochant de la jambe d'appui. Faites 3 respirations longues et profondes, en favorisant l'expiration un peu plus que l'inspiration. Répétez le mouvement de l'autre côté. Et encore une fois, n'hésitez pas à vous laisser tomber pour sortir de la posture, si vous en avez besoin.

3. L'ARBRE

Mettez-vous debout confortablement avec les pieds parallèles et séparés par quelques centimètres. Déplacez votre poids sur votre jambe gauche.

Pliez votre jambe droite en la relevant vers la poitrine et serrez votre tibia avec vos mains. Prenez votre cheville droite avec la main droite et appuyez le bas du pied droit à l'intérieur de la cuisse gauche. Gardez la pression dans les deux sens : de la cuisse vers le bas du pied et du bas du pied vers la cuisse, comme un aimant collé sur le frigo. Vous pouvez garder votre équilibre en maintenant la main sur le pied, ou vous pouvez mettre les mains en l'air. Restez ainsi pendant 5 longues respirations. Faites la même chose de l'autre côté.

Vous pouvez tomber de la posture de l'arbre avec facilité ou vous pouvez le faire avec un sentiment de frustration et de défaite. C'est comme dans la vie : vous pouvez tomber puis vous remettre debout avec un rire ou avec un grognement agacé, ou vous pouvez rester sur le sol allongé et tout abandonner. C'est votre choix. C'est votre vie et votre pratique de yoga. Ce que vous faites sur le tapis, vous le faites dans la vie.

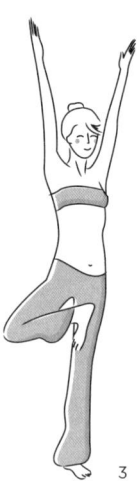

4. LE GUERRIER III

Étendez votre jambe gauche en arrière pour qu'elle soit parallèle au sol. Fléchissez votre pied gauche et pointez les orteils vers le bas. Prenez appui sur les bouts des doigts pour stabiliser votre corps, puis étendez vos bras devant vous pour que votre corps forme une ligne droite depuis la pointe de vos doigts jusqu'au talon gauche, en passant le long du dos. Restez ainsi pendant 3 longues respirations. Pliez légèrement les genoux puis reposez le pied gauche sur le sol à côté du pied droit pour vous remettre debout. Faites la même chose de l'autre côté.

5. HAPPY BABY

Allongez-vous sur le dos. Tirez vos genoux vers votre poitrine. Saisissez l'extérieur de vos pieds avec vos mains pour que les plantes de vos pieds se dirigent vers le haut. Tirez doucement les pieds vers le sol avec la force de vos bras. Penchez-vous d'un côté puis de l'autre si ça vous fait du bien : ce mouvement ouvre encore les hanches et le dos. Restez ici pendant 10 longues respirations.

Cinderella soup

Pour 4 entrées ou 2 plats principaux

1 petit potimarron • 1 patate douce ♥ • 3 carottes ♥ • 1 oignon rouge • 2 gousses d'ail • ½ c. à café de curcuma en poudre ♥ (ou frais si vous en trouvez !) • 2 c. à soupe d'huile de coco ♥ • Sel et poivre

En option, pour la puissance

1 c. à café de gingembre frais ♥

Épluchez et coupez vos légumes en dés en suivant mes conseils page 147 pour ne pas vous couper les doigts ! Pelez et ciselez ail et oignon.

Faites revenir à la poêle, à feu moyen pendant 1 minute, l'oignon et l'ail avec l'huile de coco, et le gingembre épluché et haché en option. Puis ajoutez les dés de potimarron, la patate douce, les carottes et les épices (dont le gingembre pour une version plus puissante).

Faites saisir pendant 30 secondes environ, puis versez une grande quantité d'eau à température ambiante pour tout recouvrir. Couvrez et faites cuire à feu moyen jusqu'à ébullition, puis baissez la température et laissez à feu doux pendant 20 à 30 minutes. Mixez le tout dans un blender pour obtenir une consistance crémeuse.

POUR UNE VERSION PLUS SPICY

Il suffit d'ajouter à votre préparation ¼ c. à café de cumin, ¼ c. à café de coriandre, ½ c. à café de cannelle.

LE POTIMARRON : UN LÉGUME DE CONTE DE FÉES

Le potimarron contient des hydrates de carbone riches en minéraux, vitamines et fibres. Grâce à sa pro-vitamine A, la bêta-carotène, la courge permet littéralement de voir la vie en rose : elle a un rôle positif sur la vue. Le potimarron est aussi une source de vitamines B, C, D, E, de calcium, magnésium, fer, potassium, phosphore, silicium, sodium, beaucoup de fibres et d'innombrables nutriments. Voilà pourquoi, après avoir dégusté cette soupe magique, vous aurez toutes les forces nécessaires pour réaliser votre conte de fées. Ça vous tente ? Alors, à vos courges !

Soupe de chou-fleur cuit

Pour 6 entrées ou 4 plats principaux
1 grosse tête de chou-fleur • 1 poireau • 1 pomme ♥ • 1 oignon rouge • 2 gousses d'ail • 4 c. à soupe de tahini (ou purée de sésame) • 1 c. à soupe d'huile de coco ♥ • 4 c. à soupe d'huile d'olive • Sel et poivre blanc

En option, pour un petit goût fromagé
1 à 2 c. de levure de bière

Nettoyez le poireau et ne gardez que la partie blanche, débarrassée de ses racines, puis coupez-le en tronçons d'1 cm. Coupez le chou-fleur en petits morceaux. Épluchez et coupez la pomme en morceaux. Pelez et ciselez ail et oignon.

Dans une casserole à feu moyen, faites revenir dans l'huile de coco le poireau, le chou-fleur, la pomme, l'oignon et l'ail, et mélangez pendant 1 minute. Ajoutez assez d'eau pour recouvrir le tout, baissez le feu, couvrez et laissez cuire pendant 5 minutes. Mettez l'eau de cuisson de côté.

Mixez les ingrédients cuits dans un blender avec le tahini, l'huile d'olive et la levure de bière en option. Ajoutez peu à peu de l'eau de cuisson, et mixez encore jusqu'à obtenir une soupe crémeuse. Mettez plus ou moins d'eau selon la consistance souhaitée. Salez et poivrez selon votre goût.

LE CHOU-FLEUR : VOTRE NOUVEL ANTI-RHUME

Le chou-fleur est riche en vitamine C, très importante en hiver pour combattre les rhumes et autres vilains virus face au froid. Et comme il est plein d'eau, il hydrate naturellement, et ça c'est plutôt pratique parce qu'en hiver, on a moins envie de boire. Eh oui, la nature est toujours bien faite ! Enfin, le chou-fleur a aussi des vertus anti-inflammatoires, il peut aider à la prévention du cancer du poumon, des ovaires ou des reins, et ses fibres facilitent le transit intestinal.

Salade chaude betterave et butternut

Pour 1 personne
60 g de courge butternut (ou 1 patate douce ♥, ou 1 tranche de potimarron) • 1 petite betterave • 1 grosse poignée d'épinards • 1 grosse poignée de salade verte : mesclun, mâche, roquette, etc. • 1 c. à soupe de noisettes • 1 c. à soupe de persil plat • 1 c. à soupe d'huile de coco ♥ • Sel et poivre

En option
1 c. à soupe de graines de grenade

Pour la vinaigrette
1 c. à café de moutarde de Dijon • 1 c. à soupe de vinaigre de cidre • 1 c. à café de sirop d'érable (ou de miel) • 1 c. à soupe d'huile d'olive

Faites préchauffer le four à 180 °C. Pendant ce temps, épluchez la betterave puis coupez-la en dés. Épluchez et coupez la butternut (ou autres) en morceaux (plus gros que ceux de la betterave car la courge cuit plus rapidement). Je vous donne mes secrets page 147 pour découper une courge sans vous couper les doigts !

Disposez la butternut et la betterave sur une plaque allant au four, « beurrée » à l'huile de coco, et ajoutez une pincée de sel et de poivre. Faites cuire environ 30 minutes à 180 °C. Au bout de 20 minutes environ, surveillez la butternut, que vous devrez peut-être retirer avant la betterave pour qu'elle ne soit pas trop molle.

Dans un récipient, mélangez les ingrédients de la vinaigrette, puis ajoutez-la à la salade verte. Réservez un peu de sauce pour la présentation finale.

Toastez les noisettes quelques minutes à la poêle, puis concassez-les : soit au moulin, ou 5 secondes dans un robot, soit en les étalant sur une planche à découper et en les écrasant avec le dos d'une cuillère, ça vous fera des muscles !

Dans une assiette, disposez la salade en sauce, puis les épinards au-dessus, et enfin les légumes chauds. Les épinards cuiront naturellement avec la chaleur des autres légumes. Avant de servir, ajoutez un peu de sauce sur l'ensemble et parsemez avec les noisettes et le persil.

Choux de Bruxelles rôtis aux pommes

Pour 1 personne

200 g de choux de Bruxelles (de taille homogène !) • ½ pomme ♥ • 2 c. à café d'huile de coco ♥ • Sel et poivre

Pour la sauce

½ pomme ♥ • Le jus d'1 citron ♥ • ½ gousse d'ail • 2 c. à café de moutarde de Dijon • 2 c. à café de vinaigre de cidre • ¼ c. à café de curry en poudre • ¼ c. à café de gingembre frais haché ♥ • 1 c. à soupe d'huile d'olive

Faites préchauffer le four à 180 °C. Coupez les extrémités des choux de Bruxelles, retirez les feuilles défraîchies et coupez-les en deux. Épluchez la pomme, ôtez son cœur et coupez-en la moitié en dés.

Dans un plat de cuisson « beurré » à l'huile de coco, mélangez les morceaux de chou et de pomme avec une pincée de sel et de poivre.

Faites cuire au four à 180 °C pendant une vingtaine de minutes, jusqu'à ce que les choux soient cuits et croustillants, mais surtout pas mous.

POUR FAIRE LA SAUCE

Pendant la cuisson des choux, préparez la sauce : coupez le reste de la pomme en morceaux. Pelez et hachez l'ail. Mixez tous les ingrédients de la sauce dans un blender. Nappez les choux et les pommes de sauce dès la sortie du four.

LES CHOUX DE BRUXELLES : N'AYEZ PAS PEUR

Les choux de Bruxelles sont une très bonne source de vitamines, de minéraux et de fibres. Ils sont surtout riches en vitamine C et en folates, qui renforcent le système cardiovasculaire et protègent des malformations congénitales (donc utile pour les femmes enceintes !). Les choux de Bruxelles sont composés d'environ 90 % d'eau : ils sont pauvres en calories mais riches en glucides et en protéines, la combinaison idéale.

The best salad in the world!

Pour 1 personne
2 c. à soupe de choucroute ❤ *• 1-2 c. à soupe de sauce tahini-gingembre-tahini* ❤
(page 29) • 1 poignée de mesclun (ou de mâche) • 1 carotte ❤ *• 1 poignée de chou
rouge • 1 poignée de chou kale • ½ avocat* ❤ *• 1 c. à café de dulse fraîche ou séchée
• 1 poignée de graines germées, au choix (tournesol, alfalfa, soja, haricots mungo,
etc.) • 1 c. à soupe de ciboulette • 1 c. à soupe de graines de tournesol*

Épluchez et râpez la carotte. Nettoyez le chou rouge et coupez-le en tranches fines.
Épluchez et coupez l'avocat en tranches fines. Massez les feuilles de chou kale pour
les attendrir. Passez à la poêle les graines de tournesol.

Mélangez le mesclun ou la mâche avec les graines germées. Versez la sauce
dessus, puis ajoutez la dulse, la choucroute, les carottes et les choux, et mélangez
à nouveau.

Disposez les tranches d'avocat sur le dessus. Saupoudrez de ciboulette, de graines
de tournesol et de graines germées en supplément avant de servir.

Suggestion Cette salade peut être servie en plat principal, accompagnée d'une
soupe miso pour réchauffer tout le corps.

LES GRAINES DE TOURNESOL : UN VRAI RAYON DE SOLEIL !

Les graines de tournesol sont riches en protéines, en vitamines (B1, B5, E), en
acide folique et en minéraux dont le cuivre, le magnésium, le phosphore ou le
sélénium. Le tryptophane qu'elles contiennent aurait des effets positifs sur
l'anxiété ou la dépression, et la choline contribuerait au bon fonctionnement du
cerveau.

Totally wild courge farcie au riz sauvage

Pour 1 personne

1 petite courge (style patidou – ma préférée ! – potimarron, ou autre) • 30 g de riz sauvage • 30 g de riz complet • 1 poignée d'épinards • 1 c. à soupe de persil plat • ½ c. à café de romarin • ½ c. à café de sauge • ½ c. à café de thym • 1 c. à soupe d'huile de coco ♥ • 1 c. à soupe de noix du Périgord ♥

Pour la touche finale

1 c. à café d'huile de noix ♥ • Sel et poivre

Faites préchauffer le four à 180 °C. Si vous avez pris un patidou, coupez la tête et enlevez les graines ; s'il s'agit d'un potimarron, coupez-le en deux puis enlevez les graines. Dans l'un ou l'autre cas, gardez la peau. Attention aux doigts ! Si vous êtes novice en découpage de courges, allez voir page 147.

Mettez la courge ou le potimarron sur une plaque allant au four, « beurrée » à l'huile de coco (la chair tournée côté plaque). Faites cuire environ ½ h jusqu'à ce que la chair soit assez tendre, mais pas trop molle.

Entre-temps, faites cuire le riz sauvage et le riz complet, séparément ou ensemble. Si vous les faites cuire séparément, mélangez chaque riz avec 2,5 fois son volume d'eau, et faites cuire à feu moyen jusqu'à ébullition, puis baissez le feu, couvrez et faites mijoter à feu doux jusqu'à ce qu'ils soient tendres, soit environ 45 à 55 minutes. Mélangez les deux riz dans un bol.

Vous pouvez aussi procéder de la même façon mais en faisant cuire les deux riz ensemble, mais ils n'auront pas une consistance tout à fait homogène.

LE RIZ SAUVAGE : LET'S GO WILD !

Le riz sauvage est très riche en protéines et fibres alimentaires, bien plus que le riz complet. Il contient également du phosphore, du magnésium, du niacin (alias la vitamine B3, très importante pour la circulation sanguine et les systèmes digestif et nerveux), du manganèse, du cuivre, de la vitamine B et du folate, et possède de nombreux nutriments.

Farcissez la courge ou le potimarron avec quelques cuillerées du mélange de riz et quelques noix, puis remettez dans le four encore une dizaine de minutes (la peau côté plaque cette fois-ci). Salez, poivrez selon votre goût. Servez chaud avec 1 cuillerée à soupe d'huile de noix et du persil plat.

Bon à savoir La consistance du riz complet cuit ressemble à celle du riz blanc : tendre et facile à mâcher. Le riz sauvage est un peu plus croquant. La peau des grains doit être fendue et laisser voir un cœur blanc, sans s'ouvrir totalement ni que les grains ne se recourbent trop. Ajoutez-y les herbes, l'huile d'olive, et les épinards.

Légumes d'hiver rôtis de 5 façons

FAITES VOTRE MARCHÉ

Les courges de toutes sortes, le brocoli, la patate douce, les carottes, les betteraves, le panais, le topinambour, le céleri-rave, le chou de Bruxelles, le navet, le salsifis, le fenouil, le chou-fleur...

Pour 1 personne, comptez environ 200 g de légumes cuits (ou 1 tasse généreuse)

LA CUISSON AU FOUR

Préchauffez le four à 180 °C. Dans un plat adapté, mélangez les légumes d'hiver débités en cubes avec 1 pincée de sel et de poivre, et quelques morceaux d'huile de coco dispatchés sur le dessus. Selon la recette, vous ajouterez un assaisonnement avant de les enfourner (variantes 3, 4 et 5). Ensuite, glissez le plat quelques minutes dans le four à 180 °C pour que l'huile fonde, puis mélangez-la avec les légumes, et enfin laissez cuire 30 à 45 minutes.

LES ASSAISONNEMENTS

1. Sauce moutarde et miel. Mélangez 1 c. à café de moutarde de Dijon, 1 c. à café de miel, 1 c. à soupe d'huile d'olive, 1 c. à café de vinaigre de cidre. Versez la sauce sur les légumes chauds.

LE TOPINAMBOUR : HE'S BACK !

Le topinambour fait partie de ces légumes dits « oubliés », qui sont revenus à la mode ces dernières années. Plutôt moche au premier regard, ce tubercule ressemble à un gros morceau de gingembre. Mais il est un très bon remplaçant de la pomme de terre classique, car il est aussi consistant sans faire bondir le taux de sucre dans le sang. Les glucides des topinambours ne sont pas de l'amidon mais de l'inuline, un prébiotique qui nourrit les bonnes bactéries dans le corps, contribue à l'équilibre de la flore intestinale et favorise l'absorption des nutriments. Ils sont tout indiqués pour les personnes souffrant de diabète. Les topinambours sont aussi riches en vitamines (C !), en minéraux (phosphore, fer, potassium !) en antioxydants et en fibres. Seul hic : ils peuvent provoquer des gaz alors ne faites pas de topinamboverdose, *please*.

2. Sauce sucrée-salée. Mélangez 2 c. à soupe de purée d'amande, 1 c. à café de miso (ou de tamari), 1 gousse d'ail pelée et hachée, 1 pincée de poivre noir, le jus d'1 citron pressé, 1 c. à café de sirop d'érable, un peu d'eau. Versez la sauce sur les légumes chauds.

3. Parfumés aux herbes. Ajoutez à vos légumes, avant de les enfourner, ½ c. à café de thym, ¼ de c. à café de romarin, ¼ de c. à café de sauge.

4. Saveur curry. Ajoutez à vos légumes, avant de les enfourner, ½ c. à café de curry en poudre.

5. Senteur de cannelle Ajoutez à vos légumes, avant de les enfourner, 1 c. à café de cannelle en poudre.

Avocats chauds farcis aux endives

Pour 2 personnes

1 endive • 1 avocat ❤ • ½ pamplemousse rose • 1 c. à soupe d'huile d'olive • 1 échalote • 1 c. à soupe de persil plat • 1 citron vert ❤ • Sel et poivre

Nettoyez l'endive, coupez-la en deux, puis en tranches fines, en forme de demi-lune. Pelez et coupez l'échalote en tranches fines. Hachez le persil. Coupez l'avocat en deux, enlevez le noyau, et ôtez délicatement la peau aux deux moitiés qu'il faut garder intactes. Pelez à vif le pamplemousse : enlevez la membrane blanche à l'aide d'un couteau. Coupez le pamplemousse en deux, puis coupez-le en tranches en glissant la lame le long des membranes blanches pour retirer totalement ces dernières.

Préchauffer le four à 180 °C. Faites chauffer l'huile à feu très doux dans une poêle, puis ajoutez l'endive et l'échalote et laissez poêler ce mélange pendant 3 minutes environ, jusqu'à ce que les endives soient ramollies.

Placez les deux moitiés d'avocat sur une plaque allant au four, le dos contre la plaque, et garnissez-les avec le mélange d'endives et échalotes. Faites cuire une dizaine de minutes.

Déposez les avocats garnis chauds sur une assiette et disposez autour les tranches de pamplemousse. Pressez le citron vert au-dessus et ajoutez le persil. Juste avant de servir, ajoutez une pincée de sel et de poivre.

LE PAMPLEMOUSSE : POUR MINCIR, MAIS PAS SEULEMENT !

Ce n'est plus un secret : le pamplemousse est réputé être un aliment minceur car très riche en eau, très peu calorique et stimulant le métabolisme. Mais cet agrume est beaucoup plus : il a aussi des effets bénéfiques sur le cœur, la peau et le système digestif. Il aide à lutter contre l'arthrite et le mauvais cholestérol.

Prenez les plus rouges car ils possèdent plus d'antioxydants. Attention si vous prenez certains traitements car ils peuvent mal réagir avec le pamplemousse. Renseignez-vous auprès de votre médecin.

Un Noël green, 1

Foie gras veggie

Pour 1 personne

200 g de lentilles de Puy • 50 g de champignons frais • 50 g de noix ♥ • 1 gousse d'ail • Le jus de ½ citron ♥ • 2 c. à soupe de tamari • 1 c. à soupe de thym • 1 c. à soupe de persil plat • 1 c. à soupe de romarin • 3 c. à soupe d'huile d'olive

En option

1 c. à soupe d'oignon rouge

Faites cuire les lentilles en suivant les conseils de préparation pages 38-39. Nettoyez les champignons, pelez et hachez l'ail (et l'oignon en option).

Mettez 2 c. à soupe d'huile d'olive dans une casserole à feu *très* doux, puis ajoutez l'oignon, l'ail éventuellement, et les champignons. Faites cuire 7 à 10 minutes.

Mixez les champignons à l'ail dans un robot avec tous les autres ingrédients, le jus de citron (et 2 c. à soupe d'eau si besoin), jusqu'à l'obtention d'une préparation homogène épaisse.

Versez la pâte dans un moule carré, puis mettez-la au frais quelques heures. La consistance doit être ferme, comme un pâté.

Un Noël green, 2

Caviar d'amarante

Les graines d'amarante ont une texture qui rappelle le caviar. Associées aux olives et aux algues, elles s'habillent de saveurs salées et parfumées, et se parent d'une couleur noire pour donner plus encore l'illusion de ce mets de luxe. Tout pour épater vos convives !

Pour 1 personne

40 g de graines d'amarante • 50 g d'algue dulse ♥ *• 2 c. à soupe d'olives noires dénoyautées • 1 c. à soupe de câpres • 1 c. à soupe d'huile d'olive • Le jus d'1 citron* ♥

En garniture

1 c. à soupe de persil

Nettoyez bien les algues.

Faites cuire, à feu doux et à couvert, les graines d'amarante dans deux fois et demi leur volume d'eau pendant 15 à 20 minutes, jusqu'à ce que toute l'eau soit absorbée.

Pendant ce temps, mélangez l'huile d'olive, les olives noires, la dulse, les câpres et le jus de citron dans un blender, et mixez jusqu'à obtenir la consistance d'une sauce.

Mélangez la sauce avec les graines d'amarante, et saupoudrez de persil.

Servez en toast sur des crackers ou des galettes de riz, ou en accompagnement d'une salade verte.

Un Noël green, 3

Escargots veggie

Pour 6 personnes
500 g de champignons de Paris

Pour la sauce
Le jus d'1 citron ♥ • *4 gousses d'ail • 4 c. à café de câpres • 1 c. à café de thym • 3 c. à soupe d'huile d'olive • Sel et poivre*

En garniture
1 c. à soupe de persil

PRÉPARER LES CHAMPIGNONS

Faites préchauffer le four à 200 °C. Nettoyez les champignons, coupez juste le bas du pied.

Mélangez 1 cuillerée à soupe d'huile d'olive avec les champignons que vous faites ensuite cuire au four pendant 15 à 20 minutes, le pied vers le bas. Ils deviendront tendres, sans devenir mous pour autant.

POUR FAIRE LA SAUCE

Pelez et coupez l'ail finement.

Mettez 2 cuillerées à soupe d'huile d'olive dans une casserole à feu très doux, puis ajoutez l'ail pendant 2 à 3 minutes. Mélangez dans un blender avec le reste des ingrédients et mixez jusqu'à obtenir une sauce homogène.

ASSAISONNER

Une fois les champignons cuits, sortez le plat du four, versez la sauce et remettez à cuire encore 5 minutes, pour que les champignons absorbent la sauce. Servez avec un peu de persil frais.

L'assiette macrobiotique

Après le laisser-aller des fêtes de fin d'année, rien de tel qu'une petite session macrobiotique pour se remettre l'organisme en place ! Le régime macrobiotique classe les aliments en deux groupes, le yin et le yang, et cherche à maintenir un équilibre entre les deux, dans le corps et sur l'assiette. Les céréales constituent la base de ce régime, suivies par les fruits et les légumes. La viande et autres produits animaliers sont bien sûr proscrits.

Pour 1 personne

40 g de riz complet, de millet ou de quinoa ♥ • *200 g de 2 à 3 sortes de légumes de saison au choix (brocoli, courge butternut, chou-fleur, patate douce ou chou kale…) • 1 ou 2 grosses poignées d'épinards • 25-30 g de légumineuses au choix (lentilles, pois chiche, haricots azuki ou haricots blancs ou noirs…) • 1-2 c. à soupe d'algues fraîches ou sèches* ♥ • *1 c. à café de gomasio (page 28) • 2-3 c. à soupe de sauce tahini-gingembre* ♥ *(page 30)*

Faites cuire le riz, le millet ou le quinoa et les légumineuses en suivant mes conseils pages 38-39.

Préparez les légumes de saison en les coupant en morceaux d'environ 3 cm. Faites-les cuire à la vapeur. Comptez 7 à 8 minutes pour la butternut et la courge, et 1 minute à peine pour le kale. Puis c'est au tour des épinards ! Pendant 1 minute.

Disposez tous vos ingrédients (céréales, légumes, légumineuses, algues juste nettoyées) dans une assiette, puis saupoudrez de gomasio. Avant de servir, nappez de sauce gingembre-tahini.

Suggestion Variez les saveurs de votre assiette macrobiotique en jouant avec les sauces : vous pouvez utiliser la sauce Caesar (page 31) ou le pesto de persil (page 31), ou même la sauce pad-thai (page 120).

Le bol de gruau des trois ours

Le porridge de Maman Ours

Maman Ours est, comme toutes les mamans, une superwoman qui doit gérer le boulot, les enfants et la maison : parce qu'on connaît Papa Ours, hein, c'est pas le premier à donner un coup de main… Alors il lui faut un petit-déjeuner très protéiné et énergisant. Entre le quinoa et les bananes, elle aura tout ce qu'il lui faut pour affronter la journée.

Pour 1 personne

250 ml de lait de noisette ♥ *(page 22) • 30 g de quinoa* ♥ *• 1 banane* ♥ *• 2 abricots secs • ¼ c. à café de cannelle en poudre • ¼ c. à café de vanille en poudre • 1 c. à soupe d'éclats de noisettes*

Versez le quinoa, le lait de noisette, la cannelle et la vanille dans une casserole, et mélangez. Couvrez et faites cuire à feu doux pendant 15 minutes, jusqu'à ce que le liquide soit complètement absorbé. Coupez le feu et laissez reposer 5 minutes.

Épluchez et coupez les bananes en rondelles fines. Coupez les abricots secs en petits dés.

Avant de servir, incorporez les bananes et les abricots secs. Parsemez d'éclats de noisettes.

Suggestion Ce porridge peut aussi se consommer froid. Idéal pour emporter au bureau.

Le oatmeal de Papa Ours

Papa Ours a un grand appétit, alors cet *oatmeal* ou bol de flocons d'avoine est parfait pour son petit-déjeuner : consistant mais facile à digérer, il lui donnera de l'énergie pour toute la journée.

Pour 1 personne

250 ml de lait de noix ♥ *(page 22) • 30 g de flocons d'avoine, de sarrasin, de quinoa ou de riz • ¼ c. à café de cannelle en poudre • ¼ c. à café de vanille en poudre • 1 pincée de clou de girofle en poudre • 1 pincée de cardamome en poudre • 1 pincée de noix de muscade • 1 c. à soupe de raisins secs • 1 c. à soupe d'éclats de noix* ♥

Mélangez dans une casserole les flocons, le lait de noix et les épices (vous pouvez ajouter un peu de sirop d'érable ou de miel pour sucrer), puis mélangez. Couvrez et faites cuire à feu doux pendant 5 à 10 minutes, jusqu'à ce que le liquide soit complètement absorbé. Dans les dernières secondes de cuisson, ajoutez les raisins secs. Avant de servir, parsemez d'éclats de noix.

Suggestion Vous pouvez remplacer les flocons d'avoine par des flocons de quinoa, de riz complet ou de sarrasin. C'est moins américain, mais c'est tout aussi green.

La bouillie de Bébé Ours

Ce mélange est très doux au goût et pour le système digestif : c'est le petit déjeuner parfait pour les enfants, ou pour ceux qui veulent réconforter leur corps après une longue journée de travail, ou une longue nuit de fête.

Pour 1 personne

1 c. à soupe d'amandes crues épluchées ♥ *• 1 c. à soupe de noisettes • 1 banane* ♥ *• ½ pomme* ♥ *• ½ poire • 1 c. à soupe de raisins secs • 1 pincée de cannelle en poudre • 1 pincée de cardamome en poudre • 1 pincée de vanille en poudre*

La veille, mettez à tremper les amandes et noisettes pour les ramollir et les rendre plus digestes. À défaut, 5 minutes dans de l'eau chaude. Épluchez les amandes.

Épluchez et coupez la banane, la pomme et la poire en morceaux. Mettez tous les ingrédients dans un blender, puis mixez jusqu'à obtenir une préparation crémeuse.

RECETTES BEAUTÉ

*Anti-inflammatoires, les flocons d'avoine nourrissent,
exfolient et hydratent la peau.*

Remède anti-boutons aux flocons d'avoine

Réduisez en poudre, dans un moulin ou un blender, 3 cuillerées à soupe de flocons d'avoine.

Pressez 1 citron pour en obtenir le jus que vous mélangez à la farine de flocons d'avoine afin de former une pâte.

Appliquez sur les boutons et laissez poser un quart d'heure, jusqu'à ce que ce soit bien sec, puis rincez.

Savon à l'avoine

Dans une casserole à feu doux, faites cuire 3 cuillerées à soupe de flocons dans 6 cuillerées à soupe d'eau, jusqu'à ce qu'ils aient tout absorbé.

Ajoutez 1 cuillerée à café de miel.

Appliquez sur une peau propre, et frottez pour exfolier. Rincez abondamment.

Goûter à l'américaine : milk & cookies

Pour un verre de lait totally nuts

Pour 1 personne

150 ml d'eau de coco ❤ *(ou d'eau) • 1 c. à soupe d'amandes* ❤ *• 1 c. à soupe de noix d'Amazonie* ❤ *• 1 c. à soupe de noix* ❤ *• 1 c. à soupe de noix de pécan* ❤ *• 1 datte dénoyautée*

La veille, faites tremper diverses noix et amandes (séparément) pour les ramollir. À défaut, 5 minutes dans de l'eau chaude feront l'affaire. Faites tremper la datte 5 minutes dans de l'eau chaude.

Mixez tous les ingrédients dans un blender, puis passez le mélange dans une passoire ou un sac à lait végétal, pour une consistance plus lisse.

Pour un cookie craquant

Pour 1 personne

4 c. à soupe de purée d'amande ❤ *(page 36) • 110 g de poudre d'amandes* ❤ *(page 36) • 1 c. à soupe de purée d'amande blanche* ❤ *• 2 c. à soupe d'huile de coco • 1 poignée de noix de pécan* ❤ *(ou de noix, ou un mélange des deux) • 1 c. à soupe de miel (ou de sirop d'érable) • 1 c. à café de levure chimique (sans aluminium)*

Préchauffez le four à 180 °C. Faites chauffer l'huile de coco quelques secondes dans une poêle à feu moyen, pour la rendre liquide. Réduisez les noix de pécan en éclats au moulin, ou 5 secondes dans un robot culinaire.

Mélangez tous les ingrédients dans un récipient, puis mettez la pâte obtenue sur une plaque (en lui donnant la forme ronde du cookie) : faites cuire au four pendant 20 minutes, puis laissez refroidir quelques minutes.

Chauffez légèrement le lait *totally nuts* à la casserole, puis mettez-le dans un verre et trempez-y votre cookie.

Fudge aux amandes

Pour 8 petites friandises
200 g de purée d'amande ♥ (page 36) • 3 c. à soupe d'huile de coco • 1 c. à soupe de miel • ½ c. à café de vanille en poudre • 1 c. à soupe de cacao en poudre ♥ • Sel

Faites chauffer l'huile de coco quelques secondes dans une poêle à feu moyen, pour la rendre liquide.

Mélangez tous les ingrédients, avec 1 pincée de sel, puis versez la pâte obtenue dans un plat en verre. Laissez reposer au congélateur pendant une heure, puis coupez en petits carrés de 5 cm de côté.

POUR OBTENIR UNE VERSION ENCORE PLUS CHOCOLATÉE

Ajoutez à la préparation de votre pâte 3 cuillerées à soupe de cacao en poudre et 1 cuillerée à soupe de pépites de cacao.

Boulettes de neige

Pour 3 ou 4 boulettes

5 dattes dénoyautées • 80 g de noix de coco râpée ♥ • 50 g d'amandes ♥ (ou de noix, au choix) • ½ c. à café de vanille • 1 c. à soupe de miel (ou de sirop d'érable ou de sirop de yacon) • Sel

Mettez de côté 1 cuillerée à soupe de noix de coco râpée. Mélangez le reste des ingrédients dans un robot culinaire jusqu'à obtenir une pâte assez ferme. Formez des boulettes à la main, puis saupoudrez-les avec le reste de noix de coco. Laissez reposer au frais pendant ½ heure pour les raffermir.

POUR VARIER LES PLAISIRS

Ajoutez à la recette de base : cacao en poudre, pépites de chocolat, spiruline, épices (cannelle, noix de muscade, cardamome…), Saupoudrez de cacao en poudre, épices, noix concassées, de baies de goji hachées, pépites de cacao.

Vous pouvez aussi vous amuser à faire des sucettes avec la même base. Il suffit de percer la boulette avec un petit bâtonnet avant de la mettre au frigo et voilà… votre lollipop est prête !

Boissons chaudes pour l'hiver

Chocolat chaud qui fait du bien

Pour 1 personne

200 ml de lait de noix du Brésil ♥ (page 22) • 1 c. à café de poudre de caroube du Pérou • 1 c. à soupe d'huile de coco ♥ • ¼ c. à café de cannelle • 1 c. à soupe de cacao en poudre ♥

En option, pour la puissance
Poivre de Cayenne

Mixez tous les ingrédients dans un blender, avec 1 pincée de poivre de Cayenne en option. Chauffez dans une casserole à feu doux quelques minutes.

Boisson anti-inflammatoire au curcuma

Pour 1 personne

200 ml de lait d'amande ♥ (page 22) • 1 c. à soupe d'huile de coco ♥ • ¼ c. à café de cannelle en poudre • ½ c. à café de curcuma en poudre ♥ • 1 c. à café de gingembre en poudre ♥

Mixez tous les ingrédients dans un blender. Chauffez dans une casserole à feu doux quelques minutes. Cette boisson est parfaite pour l'hiver car le curcuma, la cannelle et le gingembre réchauffent le corps de l'intérieur.

♥ Best Friend Food : le curcuma

Avertissement : le curcuma va rendre vos mains et vos assiettes oranges. Mais c'est un petit prix à payer pour un aliment qui a tellement de bienfaits pour la santé ! Le curcuma est anti-inflammatoire et antioxydant. Il est bon pour le foie, aide à lutter contre les problèmes de digestion, les problèmes d'arthrite, et même plusieurs formes de cancer ou encore l'Alzheimer. Le curcuma est aussi un allié pour les personnes diabétiques car il contribue à réduire les effets négatifs de l'insuline dans le corps.

Matchaï thé latte

Cette boisson mélange les épices ayurvédiques avec le thé japonais traditionnel. Une bonne alternative au café pour réveiller corps et papilles le matin, et qui guérit et nourrit en même temps !

Pour 1 personne

250 ml de lait d'amande ♥ (page 22) • 1 c. à café de poudre de matcha • 1 pincée de cannelle en poudre • 1 pincée de noix de muscade râpée ♥ • 1 pincée de cardamome en poudre • 1 pincée de clou de girofle râpé • 1 pincée de gingembre en poudre ♥ • 1 pincée de vanille en poudre

En option, pour sucrer

1 c. à café de miel

Mélangez la poudre de matcha avec les épices dans un verre. Faites chauffer le lait d'amande à la casserole quelques minutes à feu doux, puis versez-le sur le mélange. Touillez avec une cuillère. Ajoutez éventuellement le miel, et sirotez lentement.

LE THÉ MATCHA : DE L'ÉNERGIE VERTE EN POUDRE

Le matcha donne beaucoup d'énergie : une énergie qui dure plus longtemps que le café. D'ailleurs, les samouraïs buvaient du matcha avant de partir au combat. Mais le matcha est également bon pour celles qui veulent se détendre et accueillir le zen en elles, car il est riche en l-théanine, un acide aminé qui aide le cerveau à développer une sensation de bien-être et de concentration.

Le matcha est riche en antioxydants, surtout en catéchines, que l'on ne trouve pas dans beaucoup d'autres aliments : les catéchines aident à lutter contre les radicaux libres en cause dans les rayons UV ou les produits chimiques, et contre le cancer.

Enfin, il stimule le métabolisme, et permet ainsi au corps de brûler plus de calories pour perdre du poids ou, au contraire, de donner de l'appétit à ceux qui n'en ont pas assez.

Annexes

Mes smoothies préférés

Bunny boisson

Pour 1 personne

200 ml de jus de carottes ♥ • 100 ml de lait d'amande ♥ (page 22) • ¼ c. à café de vanille en poudre • ¼ c. à café de noix de muscade râpée ♥

En option, pour sucrer

1 c. à café de miel (ou de sirop d'érable)

Mélangez tous les ingrédients dans un blender. Vous pouvez boire votre bunny boisson à température ambiante, ou la réchauffer quelques minutes à feu doux dans une casserole. Attention, cette boisson énergisante qui revitalise le corps et l'âme risque de vous faire sauter comme un lapin toute la journée !

Green smoothie au thé vert

Pour 1 personne

150 ml de thé vert (ou 150 ml d'eau infusée 2 ou 3 minutes dans de l'eau chaude avec 1 c. à café de poudre de matcha) • 100 g de myrtilles • 1 grosse poignée de salade verte au choix • 30 g d'amandes ♥ • ½ c. à café de vanille en poudre (ou d'extrait de vanille) • 2 c. à café de spiruline en poudre ♥ • 1 datte dénoyautée

Faites tremper la datte 5 minutes dans l'eau chaude pour la ramollir. Laissez refroidir le thé. Mettez quelques myrtilles de côté. Mixez tous les ingrédients dans un blender. Avant de servir, disposez les myrtilles restantes sur votre smoothie.

LE THÉ VERT : VOTRE MEILLEUR AMI MINCEUR

Le thé vert stimule le métabolisme et favorise la lypolise, une action qui diminue les réserves de graisses dans les cellules adipeuses du corps : voilà ce qu'on appelle une arme anti-cellulite ! C'est aussi un aliment drainant qui vous aide à éliminer plus facilement tout ce qui est stocké dans le corps. Enfin, parce qu'il est énergisant, il vous donnera envie de bouger, et donc de brûler plus de calories. CQFD.

Green smoothie menthe-chocolat

Pour 1 personne

200 ml de lait d'amande ♥ (page 22) • ½ avocat • 1 poignée d'épinards • 1 poignée de menthe fraîche • 1 c. à soupe de cacao en poudre ♥ • 1 datte dénoyautée • ½ c. à café de vanille en poudre • 2 c. à café de pépites de cacao ♥ (ou du chocolat à 70% coupé au couteau en pépites)

Épluchez l'avocat et coupez-le en morceaux. Mixez tous les ingrédients dans un blender, sauf les pépites de cacao, que vous saupoudrerez sur votre smoothie avant de le servir. À boire, ou à déguster à la cuillère.

Smoothie milkshake aux myrtilles

Pour 1 personne

200 ml d'eau de coco ♥ ou de lait de coco (page 22) • 100 g de myrtilles • 1 banane ♥ • Le jus d'1 citron vert ♥ • 2 c. à soupe de noix ♥ • 2 c. à soupe de noix de coco râpée ♥ • ¼ c. à café de vanille • ½ c. à café de gingembre frais ♥

La veille, mettez à tremper les noix. Si vous n'avez pas pris le temps de le faire, 5 minutes dans l'eau chaude suffiront, mais ce sera moins crémeux.

Épluchez et coupez la banane en morceaux, puis placez-la dans votre congélateur jusqu'à ce qu'elle soit gelée. Mixez tous les ingrédients dans un blender.

Morning-maca-mania

Pour 1 personne

100 ml de jus d'orange frais • 1 banane ♥ • 2 carottes ♥ • 1 pomme ♥ • Le jus d'1 citron ♥ • 1 c. à café de poudre de maca

En option, pour ses bienfaits

1 c. à café de poudre d'acérola

En option, pour être au sommet de l'exotisme

½ mangue

Épluchez et coupez la banane, les carottes et la pomme en morceaux. En option, épluchez et coupez la mangue en morceaux. Mixez tous les ingrédients dans un blender.

Listes des recettes

RECETTES DE BASE POUR TOUTE L'ANNÉE

Les préparations de base

Le lait végétal

- Lait d'amande, de noisette, de noix... ... 22
- Lait de coco version 100 % coconut ... 22
- Version « pas envie de me casser la noix » ... 23
- Lait de chanvre ... 23

Le fromage végétal

- Veggie cheese au naturel ... 23
- Veggie cheese au miso ... 24
- Veggie cheese aux herbes ... 24

La crème végétale

- La crème de macadamia ... 25
- La crème de cajou ... 26

Le beurre végétal

- Beurre au miso ... 26
- Beurre gourmand ... 26

Pour assaisonner vos plats

- Giboulée d'amandes ... 27
- Cascade de chanvre ... 28
- Gomasio-oh-là-là ! ... 28

Les sauces

- Sauce tahini ... 29
- Sauce gingembre-tahini ... 30
- Sauce soleil ... 30
- Pesto au persil ... 31
- Sauce Caesar ... 31
- Pesto au chanvre ... 32
- Sauce tomate ... 33
- Ketchup ... 34

Sauce « caramel »	34

Pour napper vos desserts

Coulis de fruits rouges et baies de goji	35
Crème anglaise, ou presque	35

Purées et poudres

Purée d'amande ou de noix	36
Amandes ou noix en poudre	36

Préparer les noix, graines, fruits et légumes secs

Les graines et légumineuses	37
Les oléagineux et noix	40
Les dattes	41

Good morning !

Jus de citron et épices	49
Jus à l'aloe vera	50
Jus 100 % home made	50
Le green smoothie : ma recette favorite	52
Le green juice : ma recette favorite	53
Farandole de smoothies	54
Festival de green juices	58
Morning buzz	62
Crème au chia toute simple	63
Chia variations	63
Le granola green, glam et gourmand	64
Granola au sarrasin	66
Mes céréales préférées	67

PRINTEMPS

Purée de petits pois à la menthe	78
Houmous au poivron rouge	80
Salade spa de chou kale	83
Chips de chou kale	84
Ravioles crues de betteraves et veggie cheese	85
Spring salad au fenouil	86

Millet magnifique 88
Velouté d'asperges blanche 90
Green wrap 93
Wrap patate douce 94
Wrap sucré-salé 94
Carrot cake 95
Magic mousse chocolat-avocat 96
Fabuleux chocolat 98
Creamy cacao 99
NY city cheesecake 100

ÉTÉ

Tapenade aubergine et olives noires 110
Guacamole tout simple 112
Crazy guacamole 113
Rouleaux d'été aux graines germées 114
Haricots verts à l'orange et aux noisettes 116
Salade multicolore, sauce mangue 117
Green soup d'été 118
Velouté froid de carottes à la crème de cajou 119
Pad thaï à la folie 120
Le curry thaï de nos placards 123
Love-lasagnes de courgettes 125
Le not-guilty burger-frites 127
Tacos party 131
Pizzas sur pâte de socca 133
Bol de matchia 134
Crisp de pêches cru 137
Crisp de pêches cuit 138
Sandwich de fruit aux 5 parfums 139
Glace minute à la banane 141
Glace mint chocolate chip 142
Glace aux fruits rouges 142
Glace à la vanille ou au chocolat 142

AUTOMNE

Tarte automnale 153
Poivrons farcis au quinoa... 155
Macaroni & cheese à la Green.. 158
Soba : so good !...161
Falafels aux patates douces 163
Courge spaghetti puttanesca... 165
Mushroom madness 168
Sushis sans soucis 169
Mon kitchari aux lentilles corail... 172
Lentilles à la betterave 173
Muesli miraculeux pour le petit-déjeuner 174
American pancakes au sarrasin...175
Ma tarte aux pommes façon tatin 179
Yaourt coco 180
Beautiful brownies... 183
Chocolats au caramel d'amandes.. 185
Magic cupcakes 186
Barres de céréales 188
Les scones Green & Glam 189

HIVER

Cinderella soup 198
Soupe de chou-fleur cuit 201
Salade chaude betterave et butternut 203
Choux de Bruxelles rôtis aux pommes 204
The best salad in the word !.. 206
Totally wild : courge farcie au riz sauvage...207
Légumes d'hiver rôtis de cinq façons 211
Avocats chauds farcis aux endives 213
Foie gras veggie 214
Caviar d'amarante... 215
Escargots veggie.. 216

L'assiette macrobiotique 218
Le porridge de Maman Ours 221
Le oatmeal de Papa Ours 222
La bouillie de Bébé Ours...222
Goûter à l'américaine : milk & cookies 225
Pour un verre de lait totally nuts 225
Pour un cookie craquant 225
Fudge aux amandes 226
Boulettes de neige..229
Chocolat chaud qui fait du bien..232
Boisson anti-inflammatoire au curcuma 232
Matchaï thé latte 233

MES SMOOTHIES PRÉFÉRÉS

Bunny boisson 234
Green smoothie au thé vert 234
Green smoothie menthe-chocolat 235
Smoothie milkshake aux myrtilles 235
Morning-maca-mania 235

Les recettes beauté

Beauty tips de Tata... 16
Beauty tips du Dr Hauschka 68
Soins hydratants 16
Bain de vapeur pour le visage 17
Masque exfoliant aux enzymes 17
Masque cacao-miel 98
Bain moussant au chocolat 98
Masque à l'avocat 113
Masque beautiful banana... 143
Soin pour les cheveux à la noix de coco 181
Remède anti-boutons aux flocons d'avoine..223
Savon à l'avoine 223

Les Best Friend Foods

Le miso	27
Le gingembre	30
Le chanvre	32
Les amandes	36
Le quinoa	37
Le citron	60
La carotte	95
Le cacao	99
L'avocat	112
La spiruline	118
La pomme	139
La banane	141
La patate douce	163
Les algues	169
La noix de coco jeune	180
Le curcuma	230

Les focus

- Auriez-vous du feu ?..20
- Les protéines 22
- Les probiotiques bactérie, mon amie ! 24
- Le « bons gras » des noix de macadamia..25
- La levure de bière : star incontestée aux USA ! 28
- Ô sésame, mon cœur bat pour toi ! 29
- Le vert dans nos assiettes : l'énergie du soleil 31
- La tomate : aussi belle que bonne... 33
- La caroube du Pérou : un miracle du désert 34
- La baie de goji : happy berry..35
- Poignées d'amour : mesurer les légumes en cuisine green 52
- Le pollen d'abeilles : Magic whole food ! 62
- Le déshydrateur 66
- Les petits pois : petits… mais costauds ! 78
- Les pois chiches : petites billes, grandes protéines 80
- Le kale : queen of Greens...83
- La betterave : Une racine couleur lipstick 85
- Le fenouil : notre allié secret ! 86
- Le millet : c'est pas qu'pour les oiseaux ! 88
- Les asperges : Le légume taille mannequin..90
- Le cumin : une épice pleine de ressources !...93
- La vanille : un parfum d'innocence 96
- L'huile d'olive : la plus parfumée et la plus chaleureuse !.................... 110
- Les graines germées : des aliments miracles..114
- Le poivron rouge : Incognito 117
- La coriandre : une herbe magique ! 120
- La mangue : beauty fruit !.. 132
- La cannelle : vous allez l'aimer encore plus ! 137
- Le poivre de Cayenne : mon préféré ! 155
- Le sarrasin : céréale or not céréale ? 161
- La courge : l'égérie de l'automne 165

Le champignon : un vrai ami !	168
Le daikon : découvrez le radis japonais !	170
Les lentilles : les reines des protéines végétales	173
Le potimarron : un légume de conte de fées	198
Le chou-fleur : votre nouvel anti-rhume	201
Les choux de Bruxelles n'ayez pas peur	204
Les graines de tournesol : un vrai rayon de soleil !	206
Le riz sauvage : let's go wild !	207
Le topinambour : he's back !	211
Le pamplemousse : pour mincir, mais pas seulement !	213
Le thé matcha : de l'énergie verte en poudre	231
Le thé vert : votre meilleur ami minceur	234

Remerciements

« Soyons reconnaissants envers les gens qui nous rendent heureux ; ils sont les jardiniers qui font fleurir notre âme. » (Marcel Proust)

Thank you… à ma famille qui m'a toujours soutenue. *I love you so much !* Merci à mes parents, Beryl et Steve, et ma sœur Erica, grands amoureux de fromage et autres délices français, qui ont quand même supporté d'innombrables repas sans gluten, sans produits laitiers et sans viande.

Thank you… à ma grand-mère et sa grand-mère et sa grand-mère, qui m'ont transmis à travers les générations un amour pour la cuisine, la vie, les parfums, et les odeurs qui me rappellent mon enfance, mes petites « Madeleines de Proust » à moi.

Thank you… à mes amis à Paris, à NYC et partout dans le monde qui me donnent toujours l'ingrédient le plus important : le rire ! Et qui surtout ont été là pour moi pendant les moments délicieux et moins délicieux de la vie.

Thank you… à Coralie Miller, ma chère co-auteure française, « guillotineuse » et maintenant *friend*, qui est à l'origine de cette belle aventure et qui a dû apprendre à parler couramment le Rebecca.

Thank you… à Marabout, et particulièrement à Agnès, Lor et Hélène pour m'avoir fait confiance et m'avoir donné l'opportunité de réaliser ce rêve franco-américain.

Thank you… à Sandra Mahut, la best photographe culinaire au monde qui a vraiment capturé mon univers à travers l'objectif magique de son appareil-photo.

Thank you… au professeur John Rassias grâce à qui je suis venue à Paris il y a 10 ans et dont la vivacité d'esprit et la joie de vivre m'inspirent toujours.

Thank you… à EKYOG pour infuser la *positive fashion* dans ce livre et dans ma vie, à Lov Organic dont je LOV leurs thés et tisanes bio et bons, à Sol Semilla pour les superfoods de top qualité, à la Maison de la Spiruline pour leur poudre très green & glam, à L'Chanvre pour les meilleures graines de chanvre au monde, à Caroline Donadieu pour la jolie vaisselle et le linge de maison, et à la maison Sabres pour les couverts mis à disposition…

Thank you… aux yogis et yoginis qui m'ont tous appris tant de choses sur et hors du tapis : Tara Stiles, Mike Taylor, Heidi Kristoffer & team Strala Yoga NYC, Elena Brower, Marc Holzman, Cassandra Kish, Joe Gandarillas, Mika De Brito, Adriano Nogueira…

Thank you… à ceux qui ont influencé ma manière de cuisiner, de penser et d'aborder la santé dont : Ani Phyo, Dr. Leo Galland, Dr. Marie-Laure Bigot, Jean-François Caroff et Sol Semilla, Jean-Charles et Rose Carrarini et Rose Bakery, Lawrence Aboucaya, David Wolfe, William Ledeuil, Laetitia Cerou, Sébastien Gaudard, Sarma Melngailis, Sarah Britton, Gena Hamshaw, Elenore Bendel Zahn, Alain Ducasse, Christian Sinicropi, Clotilde Dusoulier…

Thank you… à vous, mes chers lecteurs, de partager ce voyage green avec moi. J'espère que ce livre aura, même un petit peu, changé votre vie comme la mienne a été transformée grâce au *lifestyle* GGG, je veux dire green, glam et gourmand.

Thank you… aux citrons, car sans eux, ce livre n'aurait jamais existé.

Également chez Marabout

Rebecca Leffler

GREEN
Glam & happy
180 NOUVELLES RECETTES BONHEUR

**SANS GLUTEN
SANS LAIT
SANS PROTÉINES
ANIMALES**

Photographies de Sandra Mahut

MARABOUT

MARABOUT
s'engage pour l'environnement
en réduisant l'empreinte carbone
de ses livres.
Celle de cet exemplaire est de :
900 g éq. CO_2
Rendez-vous sur
www.marabout-durable.fr

PAPIER À BASE DE
FIBRES CERTIFIÉES

Imprimé en Espagne par Cayfosa
pour le compte des éditions Marabout (Hachette Livre)
58, rue Jean-Bleuzen 92178 Vanves Cedex

Achevé d'imprimer en janvier 2017
Dépôt Légal : février 2017

978-2-501-11964-1
7304834 / 01